TITAN +

Collection dirigée par
Stéphanie Durand

De la même auteure chez Québec Amérique

Jeunesse

SÉRIE MARIE-LUNE

Un hiver de tourmente, coll. Titan +, 2012.
Les grands sapins ne meurent pas, coll. Titan +, 2012.
Ils dansent dans la tempête, coll. Titan +, 2012.
Pour rallumer les étoiles – Partie 1, coll. Titan +, 2009.
Pour rallumer les étoiles – Partie 2, coll. Titan +, 2009.

SÉRIE JACOB JOBIN

La Grande Quête de Jacob Jobin, Tome 3 – La Pierre bleue, coll. Tous Continents, 2010.
La Grande Quête de Jacob Jobin, Tome 2 – Les Trois Vœux, coll. Tous Continents, 2009.
La Grande Quête de Jacob Jobin, Tome 1 – L'Élu, coll. Tous Continents, 2008.

SÉRIE CHARLOTTE

Une gouvernante épatante, coll. Bilbo, 2010.
La Fabuleuse Entraîneuse, coll. Bilbo, 2007.
L'Étonnante Concierge, coll. Bilbo, 2005.
Une drôle de ministre, coll. Bilbo, 2001.
Une bien curieuse factrice, coll. Bilbo, 1999.
La Mystérieuse Bibliothécaire, coll. Bilbo, 1997.
La Nouvelle Maîtresse, coll. Bilbo, 1994.

La Nouvelle Maîtresse, Livre-Disque, 2007.

SÉRIE ALEXIS

Macaroni en folie, coll. Bilbo, 2009.
Alexa Gougougaga, coll. Bilbo, 2005.
Léon Maigrichon, coll. Bilbo, 2000.
Roméo Lebeau, coll. Bilbo, 1999.
Toto la brute, coll. Bilbo, 1998.
Valentine Picotée, coll. Bilbo, 1998.
Marie la chipie, coll. Bilbo, 1997.

Ta voix dans la nuit, coll. Titan, 2001.

SÉRIE MAÏNA

Maïna, Tome II – Au pays de Natak, coll. Titan +, 1997.
Maïna, Tome I – L'Appel des loups, coll. Titan +, 1997.

Adulte

Là où la mer commence, coll. Tous Continents, 2011.
Au bonheur de lire, Comment donner le goût de lire à son enfant de 0 à 8 ans, coll. Dossiers et Documents, 2009.
Pour rallumer les étoiles, coll. Tous Continents, 2006.
Le Pari, coll. Tous Continents, 1999.
Marie-Tempête, coll. Tous Continents, 1997.
Maïna, coll. Tous Continents, 1997.
La Bibliothèque des enfants, Des trésors pour les 0 à 9 ans, coll. Explorations, 1995.
Du Petit Poucet au Dernier des raisins, coll. Explorations, 1994.

DOMINIQUE DEMERS

Ils dansent dans la tempête

Québec Amérique

À sœur A. et à mes amies cloîtrées
Femmes de lumière et de silence
Qui m'ont accueillie avec tant d'amitié
Pour me laisser avec ce bonheur nouveau
De savoir qu'elles existent

Mon cœur est sans repos tant qu'il ne repose en toi.

Saint Augustin

Avant-propos

L'adolescence de Marie-Lune n'a été que vents et tempêtes. À quinze ans, elle a perdu sa mère et donné naissance à un enfant. Après *Un hiver de tourmente* et *Les grands sapins ne meurent pas*, *Ils dansent dans la tempête* raconte une nouvelle saison dans la vie de Marie-Lune, à l'aube de l'âge adulte…

Chapitre 1

Vert forêt, vert marécage

— Vert quoi ?

— Vert marécage !

— Sur tous les murs de ton appartement ? Marie-Lune ! Tu es folle !

— Je pensais que ce serait beau. Sur le présentoir de coloris, il y avait seulement un numéro…

— Alors… C'est beau ?

— Ça fait un peu sombre…

— Écoute, je descends à Montréal dans deux semaines. Je t'aiderai à redécorer. Et puis… Tiens ! On dessinera des pissenlits sur tes murs verts… Prends ça *cool*. Je te laisse parce que mon patron s'en vient. Je t'embrasse...

— Ouais... Moi aussi.

Des pissenlits ! C'était bien Sylvie. En direct d'Abitibi. À sa prochaine visite à Montréal, elle aurait tout juste le temps de me saluer. J'étais habituée. Il y avait toujours un Sylvain, un Éric ou un Guillaume dans la vie de mon amie. Sylvie avait déjà le cœur frivole quand nous vivions au bord du lac Supérieur, près du mont Tremblant, et elle ne serait pas différente en Alaska.

Mon une-pièce et demie ressemblait à un petit pois. Très vert, minuscule et peu invitant. J'ai fourré mon maillot, mes lunettes et une serviette dans un sac. Tant pis pour les pinceaux. Je les jetterais au lieu de les nettoyer. Deux autres secondes de murs verts et j'allais craquer.

En route vers la piscine, j'ai vu quelque chose d'étrange. Enfin, pas si étrange que ça quand on y pense. Sauf qu'on n'y pense pas. À Montréal, le long des grandes avenues, il y a des arbres en pots. De vrais arbres, plus hauts que moi, plantés dans des bacs en acier. Il y a trois ans, quand j'étais arrivée, ça m'avait un peu étonnée. Je m'inquiétais des racines. Je les imaginais tout entortillées et gonflées, forçant misérablement pour percer le métal. C'est quand même idiot de se faire du mauvais sang pour quelques racines en pot.

Trois hommes s'affairaient autour d'un camion de la municipalité. Ils hissaient un arbre en pot, jaunâtre et chétif, dans la boîte de leur véhicule. Derrière eux, un autre camion, bourré d'arbres aussi verts que ceux d'une pub de pépinière, a comblé le trou. Opération terminée. Les véhicules ont roulé vers un autre malade.

Je me suis demandé ce qui arrivait à ces arbres l'hiver. Je ne parvenais pas à me rappeler. Pourtant, cette rue, c'était presque ma cour. L'été, on voyait bien les arbres, mais le reste du temps, s'ils étaient là, on ne les remarquait même pas.

C'est peut-être un peu pour ça que j'avais peint tous les murs en vert. Il y avait, enfoui dans ma mémoire, le souvenir d'autres arbres qui, eux, ne disparaissaient jamais. Des arbres immenses dominant l'espace. Leurs racines plongent dans le ventre de la terre. C'est impossible de les mettre en pot. Les grands sapins du lac où j'habitais avant étaient au cœur de toutes les saisons. On ne pouvait pas les oublier.

À Montréal, tout est différent. On est terriblement entouré. De gens, d'édifices, de murs, de choses. Mais ça ne compte pas vraiment. Dans ce grand champ semé de tours et de gens, on peut se sentir aussi seul que dans le désert du Sahara. Ou les plaines de l'Ouest canadien, tiens.

J'y suis allée, l'an dernier, pour un emploi d'été. Monitrice de langue seconde au cœur du Manitoba ! Lise Bérubé, ma psy, m'avait conseillé d'accepter. L'expérience serait thérapeutique, disait-elle. Une occasion de découvrir un autre milieu, loin de Montréal et du lac Supérieur.

Ma psy s'était trompée. J'étais aussi malheureuse là-bas qu'ici.

Un jour de congé, j'ai quitté Winnipeg et j'ai filé, en vélo, sur les routes noyées dans les champs de blé. C'est très beau, ce ciel si bleu sur un lit blond. Mais au bout d'un quart d'heure, j'étais étourdie et l'angoisse me collait au ventre. Le ciel et le sol se brouillaient dans un même vertige. J'avais peur de basculer dans le néant. Comme si la terre était plate et la ligne d'horizon, le bout du monde. Ces plaines désertes ressemblaient trop à ma vie.

C'est la même chose à Montréal, malgré les gens, les édifices. Il n'y a rien sur quoi on peut vraiment s'appuyer. Pleurer. Au lac, quand tout semblait chavirer, il restait toujours les arbres. Ces grands sapins bien ancrés. Leur présence n'efface pas la douleur. Mais à l'ombre de leurs vastes branches on se sent moins seul. Plus solide presque.

L'eau froide m'a fouettée. La piscine était presque déserte. J'ai décidé de compter les longueurs. Je le fais presque tous les jours. Cent fois vingt-cinq mètres, ça vous réconcilie avec la vie. En sortant de l'eau, on est tellement amorti que plus rien ne fait vraiment mal.

Les vingt premières longueurs, j'ai réussi à ne pas penser. C'est toujours facile au début. Le cerveau est occupé à commander aux muscles endormis. Il n'a pas le temps de remuer les poussières du passé. Mais, une fois les muscles réveillés, ça se gâte. Les fantômes se bousculent. Alors, je dois me concentrer. Sur la ligne noire au fond de la piscine et les murs à chaque bout. Sur la technique. Cette main droite qui plonge, creuse, tire l'eau ; l'autre prête à tomber ; la première qui émerge… Mais parfois les souvenirs ont raison de tout.

Il gueulait tellement fort. J'avais entendu les exclamations du Dr Larivière : « C'est un garçon ! Il est vivant ! » Ça m'avait presque insultée. Je savais bien que mon moustique était vivant. Nous avions mené une rude bataille tous les deux dans la salle d'accouchement. Et nous l'avions gagnée.

Bien sûr qu'il était vivant. Mon fils criait déjà plus fort que les oiseaux sauvages. Il n'était pas tout bêtement vivant. Il était merveilleusement, extraordinairement vivant.

Mais l'aventure finissait là. Alors, j'ai fermé les yeux.

Une infirmière m'a tirée de ma torpeur. Pourtant, elle ne s'adressait pas à moi. « Veut-elle voir le bébé ? » Il y a eu un silence. Je me concentrais sur mes yeux fermés. Il fallait verrouiller les paupières. Je m'étais promis de ne pas regarder.

Les paupières ont cédé et j'ai vu deux bouts de pattes, rouges et plutôt vilaines, dépasser d'un morceau de tissu. Le drôle faisait du vélo ! Un poing minuscule s'est libéré et s'est mis à battre l'air furieusement.

Le Dr Larivière a dû remarquer que j'observais mon moustique. Il m'a demandé si je voulais le voir. C'était stupide ! Je le voyais déjà. Mais j'avais compris : il m'offrait de le voir d'un peu plus près. De lui toucher, de le respirer, de l'embrasser. De le prendre dans mes bras…

J'ai dit non. Très calmement. Et je me suis relevée pour m'asseoir dans le lit.

Il hurlait toujours. Je le voyais mieux maintenant. Il était horriblement minuscule. Désespérément petit. Ça m'a déprimée. L'aventure était-elle vraiment terminée?

D'un coup de bras rapide, je me suis tournée sur le dos. Je déteste la nage sur le dos. Il faut fixer les poutres d'acier au plafond et se concentrer sur le bras gauche, plus faible que le droit, sinon on dévie et on se cogne aux autres nageurs du couloir. J'étais seule dans mon couloir, mais je ne pensais qu'aux poutres et à ce foutu bras. Quarante-quatre, quarante-cinq… Les poutres ont disparu. Merde!

L'infirmière a déposé le petit paquet grouillant dans un incubateur mobile. Il était tout près maintenant. À portée de main. Il pleurait sans arrêt. J'aurais voulu qu'on lui donne quelque chose. Qu'il se taise et qu'il disparaisse. La paix. Je voulais juste la paix. Mais donner quoi?

Du lait, bon sang ! Ça m'a frappée comme un coup de matraque. J'avais déjà lu un petit truc sur l'allaitement maternel dans la salle d'attente du bureau du Dr Larivière. D'après ce qui était écrit dans cette brochure, le lait maternel, c'est cent fois mieux que le lait maternisé en conserve. Les bébés adorent ça et, en plus, c'est bourré de vitamines et de trucs essentiels. Les médecins recommandent donc fortement l'allaitement maternel. Surtout lorsque les bébés sont malades, chétifs ou… prématurés.

Comme le moustique.

L'infirmière s'est faufilée derrière l'incubateur. Elle allait le pousser. Mon fils allait disparaître.

— Attendez !

Il y a eu un silence. Le Dr Larivière m'a fusillée du regard. Il avait un de ces airs diablement protecteurs. Et désapprobateurs.

J'ai soutenu son regard en pensant : « Vous me faites pas peur, Dr Larivière ! » Quelques secondes se sont écoulées. Le temps semblait suspendu. J'ai aspiré profondément avant de lancer :

— Je le prends !

Ils ont déposé la chose gémissante dans mes bras. Le pire, c'est que ça ne pesait rien.

Son visage n'était pas très beau. Il avait la tête un peu écrasée et la peau du front toute plissée. Son corps était d'un rouge un peu mauve avec tout plein de petites coulisses blanches à cause de cette crème protectrice dont tous les nouveau-nés sont enduits.

Mais il était vivant. Et il venait de moi. C'était magique !

Je n'osais pas bouger. J'aurais voulu qu'ils partent tous. Qu'ils nous laissent seuls. Qu'ils ne regardent pas. Je me sentais gauche et stupide. Mais j'avais envie de le bercer dans mes bras, de lui parler, de le caresser doucement.

Il gueulait encore. En faisant d'affreuses grimaces. C'était peut-être mieux de laisser tomber. De le leur rendre.

Les cris ont diminué d'intensité. À croire qu'il m'avait entendue penser ! Il gueulait encore, mais un peu moins fort. Pendant un bref instant, son visage s'est détendu et j'ai vu ses yeux. Deux ciels, presque mauves, avec le soleil au milieu.

J'ai défait le nœud de ma chemise d'hôpital. Libéré un bras, un sein. J'ai parlé à mon moustique en le soulevant délicatement. Sa bouche était tout près. À la dernière seconde, j'ai hésité. J'avais peur qu'il ne veuille pas de moi. Qu'il se remette à chialer comme si on allait l'écorcher.

Mon mamelon semblait énorme à côté de son bec d'oiseau. Ses yeux étaient ouverts, mais je savais qu'il ne me voyait pas. Pourtant, on aurait dit qu'il sentait. Le parfum du lait. Sa tête s'est agitée. Comme s'il cherchait. Et il s'est mis à hurler. Mais hurler ! J'étais complètement sonnée. Un moustique à voix de stentor.

Mon moustique.

J'ai branché sa bouche à mon sein et, un quart de seconde plus tard, il ne pleurait plus, il s'empiffrait. Un véritable goinfre ! C'était merveilleux.

D'un mouvement rapide, j'ai plongé vers le fond. Ce n'était pas la première fois que ces souvenirs me torturaient. Mais certains jours, les images sont plus vives, plus nettes, plus terribles. Je reconnais alors son parfum, l'odeur un peu fauve de son corps et, les yeux fermés, j'arrive presque à sentir sous mes doigts le duvet de sa peau.

Alors j'ai mal. À mourir.

Ne plus respirer. Au fond de l'eau, il n'y a que ce silence presque assourdissant et le poids, de plus en plus oppressant, de l'air qui nous manque. J'ai nagé jusqu'à ce que mes poumons soient près d'exploser. Et, encore, j'ai attendu. Quelques secondes de plus. Lorsque j'ai refait surface, le surveillant de la piscine était debout au bord du couloir, prêt à plonger. Gênée, j'ai fait celle qui n'a rien vu et j'ai recommencé à nager.

Deux semaines. Lui et moi. Envers et contre tous. Les autres désapprouvaient. Je le savais. Ils ne comprenaient pas. Je n'avais pourtant pas changé les règles du jeu. Je n'étais qu'une mère transitoire. Une mère en attendant. C'était un dernier cadeau. À lui ou à moi. Je ne savais plus.

Au début, le temps filait. Entre les tétées, jour et nuit, j'avais tout juste le temps de me laver, de me nourrir, de me reposer un peu. J'étais complètement hypnotisée par lui. Chaque jour, à chaque visite presque, il embellissait. Sa peau était devenue rose et presque lisse. J'aimais le voir dormir, un sein dans la bouche, l'air parfaitement heureux.

Léandre, Flavi, Sylvie et Monique… Mon père, ma grand-mère, mon amie et sa mère… Ils étaient tous venus. Ils voulaient tous que je rentre. Que j'abandonne mon moustique tout de suite ou que je l'emmène avec moi pour de bon. Je les laissais parler.

Jean n'était pas venu. Antoine non plus. Je ne savais même pas lequel des deux j'espérais le plus. Antoine avait appris que son fils était né. Mais il m'en voulait tellement de ne pas le garder ! Seule ou avec lui. Antoine souffrait trop. Il ne pouvait pas venir. Je le savais. Et j'aurais tant souhaité l'apaiser. Caresser ses cheveux blonds, lui faire des becs papillons. Je l'aimais encore ; je ne voulais pas qu'il souffre. Mais je n'avais pas assez de courage et d'énergie pour nous deux. Mes réserves étaient à sec. J'arriverais tout juste à survivre. À tenir bon. Peut-être...

Et Jean... Comment expliquer son absence ?

C'est Jean qui m'avait conduite à l'hôpital alors que mon ventre menaçait d'exploser. Il m'avait embrassée aussi. Parce que j'avais trop mal. Parce que j'avais trop peur. Parce qu'il m'aimait, peut-être.

J'avais honte de penser à Jean, de me rappeler si clairement la douceur de ses lèvres et d'y rêver en tenant le moustique dans mes bras.

Léandre, Flavi, Sylvie et Monique avaient finalement compris que je voulais être seule avec mon moustique. J'avais décidé d'insérer une parenthèse dans ma vie et je ne voulais pas de reproches, ni de conseils. Je savais que c'était casse-cou.

Claire était au courant. Elle visitait son fils adoptif tous les jours à la pouponnière. Mon moustique ! Elle était sûrement affolée en songeant que je changerais peut-être d'idée, que je déciderais de garder mon bébé. Mais elle n'était pas intervenue. Elle m'avait simplement envoyé un énorme panier de fruits avec des tas de petites gâteries entre les pommes, les kiwis et les clémentines. Des biscuits secs, salés et sucrés, des triangles de fromage enveloppés de papier métallique, des noix, des chocolats. J'étais toujours affamée et je pigeais souvent dans le panier.

Peu à peu, j'ai repris des forces et je me suis mise à penser à ma vie et au moustique entre les tétées. C'était horrible.

J'avais pris l'habitude, après l'avoir nourri, de relever sa camisole pour embrasser son petit bedon avant de le rendre à l'infirmière. C'est fou ce que c'est doux, mou, chaud et bon un ventre de bébé. Peu à peu, ce moment est devenu déchirant. Chaque fois que je le déposais dans les bras de l'infirmière, une fois les caresses terminées, je pensais à cet instant où je devrais me séparer de lui pour de bon. L'angoisse m'étreignait et une douleur atroce me fourrageait dans les entrailles. De jour en jour j'avais plus mal et je me sentais effroyablement seule.

Un matin, le quatorzième exactement, j'ai téléphoné à Léandre juste avant la première tétée. Je lui ai demandé de faire vite. De venir tout de suite. Le moustique allait bien. Il était devenu presque aussi gros que les autres bébés de la pouponnière. Il pourrait se débrouiller sans moi maintenant. Claire l'attendait. Je croyais vraiment que c'était mieux ainsi.

Il est revenu, une dernière fois, se blottir dans mes bras. Il a bu comme d'habitude. Il ne savait pas qu'on ne se reverrait plus jamais.

C'est en posant mes lèvres sur son ventre chaud que j'ai voulu mourir.

On ne peut pas pleurer en nageant. On peut seulement accélérer. Et parfois ça ne suffit plus. J'ai dû m'accrocher au muret au bout de la piscine parce que mon cœur cognait trop vite.

On ne peut pas effacer le passé. Et on a beau peindre tous les murs en vert, ça ne ramène pas les forêts.

Dans le vestiaire, je me suis rhabillée avec des gestes d'automate. Je n'avais pas le courage de sécher mes cheveux. Le vent s'en chargerait.

Les camions de la municipalité avaient disparu. J'ai marché lentement. C'était samedi ; l'après-midi était jeune ; je n'avais pas de cours au cégep et je ne savais déjà plus comment remplir ma journée.

Une tache blanche dans ma boîte aux lettres au rez-de-chaussée a attiré mon attention. Elle devait déjà être là la veille mais je n'avais pas remarqué. Deux enveloppes. Un record ! La première d'Hydro-Québec. Facture d'électricité. Sur l'autre, mon nom et mon adresse avaient été écrits à la main. L'adresse de l'expéditeur n'apparaissait pas sur l'enveloppe. J'ai mis le courrier dans mon sac, sur la serviette mouillée, et j'ai grimpé lentement l'escalier jusqu'au numéro 34. Comme j'enfonçais la clé dans la porte de mon nouvel appartement vert marécage, le téléphone a sonné. Au cinquième coup, essoufflée, j'ai décroché. C'était Léandre. Il venait aux nouvelles.

— Et ton cours d'été ? Ça te plaît ?

Je répondais machinalement. Léandre ne s'en est pas formalisé. Il enchaînait déjà avec un projet de voyage de pêche sur la Côte-Nord. Si tout fonctionnait comme prévu, il partirait lundi et serait absent plusieurs jours. Pauvre Léandre! Avait-il oublié qu'il détestait la pêche? Lui aussi avait du mal à meubler ses journées.

J'étais contente que nous n'habitions plus le même appartement. Léandre était mieux dans sa petite banlieue. Il n'avait jamais réussi à apprivoiser Montréal et vivre ensemble était devenu impossible. La présence de Léandre soulignait cruellement le vide laissé par ma mère. La mienne rappelait à mon père que sa femme n'était plus là. La mort de Fernande érigeait un mur entre nous.

Léandre énumérait maintenant ses compagnons de voyage. Un nom m'a frappée: Jean-Claude. C'est lui qui avait adopté Jeanne, ma chienne, lorsque nous étions déménagés à Montréal. Quelques semaines plus tard, il obtenait un nouvel emploi et emmenait Jeanne avec lui à Sept-Îles.

Jeanne. J'éprouvais soudainement une envie folle de me fourrer le nez dans son pelage chaud, de la serrer dans mes bras et de courir avec elle. Sept-Îles? Tant pis. Je prendrais l'autobus. Je me sentais prête à tout pour le simple bonheur de recevoir un bon coup de langue en pleine figure.

— As-tu le numéro de téléphone de ton copain à Sept-Îles ? Oui, Jean-Claude… Non, non… Je ne veux pas que tu lui demandes des nouvelles de Jeanne. Je veux la voir !

Il y a eu un silence. Un trop long silence.

— Papa ! Es-tu là ?

— Écoute, Marie-Lune, ça fait longtemps…

— PAPA !

Nouveau silence. Plus court. Mais affreusement creux et triste.

— J'ai essayé de tout organiser, Marie-Lune… Jean-Claude avait promis de la prendre mais, à la dernière minute, il a changé d'idée. Tu venais de sortir de l'hôpital. Ça s'est passé tellement vite. Tu te souviens ? La Presse me donnait dix jours pour déménager. Ce n'était pas une offre d'emploi ordinaire. Il fallait remplacer un journaliste à pied levé. Nous serions partis un jour ou l'autre de toute façon. Nous ne pouvions plus vivre au lac. Il y avait trop de traces du passé et nous étions trop malheureux tous les deux. Tu le sais… Jeanne ne pouvait pas nous suivre. Tu l'imagines dans ton appartement ?

— Qu'est-ce qui est arrivé ? Je veux la vérité !

Jeanne. Ma belle Jeanne.

— Je l'ai laissée à la SPCA. Elle avait de bonnes chances d'être adoptée.

— Et qu'est-ce qui est arrivé ?

Cette fois, le silence était insoutenable.

— PAPA ! Qu'est-ce qui est arrivé ?

— Je ne sais pas…

J'ai raccroché. Dans la rue, j'ai attrapé un taxi. Je n'étais même pas certaine d'avoir suffisamment d'argent. Pendant le trajet, j'ai compté : 12,87 $. Quand le compteur a indiqué 12 $, j'ai demandé au chauffeur d'arrêter et je lui ai tout donné. Puis j'ai couru.

À la réception, une dame m'a demandé si je désirais confier un animal ou en adopter un.

— Ni l'un ni l'autre.

Elle m'a dévisagée comme si j'étais un chimpanzé.

— Bonne visite alors.

— Je ne viens pas visiter.

Cette fois, elle a semblé ennuyée.

— J'ai besoin d'une information.

— Oui…

Je déteste les gens qui font semblant d'être parfaits et qui agissent comme si la vie était une machine bien huilée.

— J'ai laissé un chien… Mon père a laissé Jeanne, ma chienne… il y a trois ans… Je veux savoir où elle est maintenant.

Elle m'a offert un petit sourire faux.

— Trois ans, c'est long…

Ah oui ? Vraiment ! Quelque chose comme trois fois trois cent soixante-cinq jours peut-être ?

— Écoutez-moi bien : je n'ai pas cinq ans et je sais compter jusqu'à trois. Sortez vos cahiers, vos registres… ce que vous voulez… Dites-moi où est ma chienne.

Elle s'est levée lentement pour revenir, toujours aussi digne, précédée d'un homme plus jeune qu'elle. Je crois qu'il a compris, en me voyant, que je devais absolument retracer Jeanne.

Il y avait déjà le moustique dont je ne savais presque rien. J'avais cru Jeanne entre bonnes mains et je m'étais trompée. Le moustique avait peut-être été abandonné lui aussi. Claire pouvait être morte depuis. Non. C'était impossible. Ils avaient promis de m'avertir en pareil cas.

L'employé m'a guidée gentiment vers son bureau, loin de la vieille bec sec. Nous

nous sommes assis. Il me regardait maintenant. Il attendait. C'était un gars correct, qui ne faisait pas semblant.

— Je sais que c'est peut-être difficile… mais… est-ce qu'on peut retracer ma chienne ? Elle est arrivée à la mi-juillet. Il y a trois ans. Je comprends que ça fait longtemps. C'est vraiment très important…

Je chialais presque.

Il a fouillé derrière lui. A trouvé un gros cahier. Dedans, il y avait des listes et des listes de chiens adoptés. Des noms de races, des dates. Il m'a expliqué qu'ils gardent les chiens quelques jours seulement. La plupart ne sont pas adoptés. Il faut les endormir. Ce qui signifie les tuer. Sinon, il y aurait des étages et des étages de chiens en cage.

Il a cherché vraiment longtemps, mais il n'a pas trouvé Jeanne. Elle était sans doute morte. J'aurais voulu savoir comment. Une piqûre, sans doute. Alors combien de temps faut-il avant que l'animal meure ? Et pendant que la drogue agit, souffre-t-il ?

Parfois, les inquiétudes sont moins pénibles que la réalité. C'est pour ça que je ne lui ai pas posé la question. J'avais voulu savoir où était Jeanne. Et j'avais appris le plus terrible. C'était bien assez.

Je suis rentrée en autobus. Il me restait un billet à moitié en charpie dans la poche de mon jean. L'autobus était bondé. Je pensais devoir faire tout le trajet debout mais, au deuxième arrêt, une place s'est libérée, tout près, à côté d'une vieille dame. J'étais contente de m'asseoir.

Ma voisine somnolait, la tête légèrement renversée en arrière. Elle était tellement immobile, tellement silencieuse, qu'on aurait pu se demander si elle était vivante. De temps en temps, un doigt maigre palpitait sur sa jupe. J'ai fixé les mains de ma voisine jusqu'à ce que le chauffeur crie le nom de mon arrêt.

En poussant la porte de mon appartement, j'ai eu le pressentiment d'un désastre. Pourtant, tout était à sa place. En retirant ma serviette et mon maillot de mon sac, deux enveloppes sont tombées. J'ai ouvert machinalement celle qui ne semblait pas contenir une facture. À l'intérieur, il y avait une autre enveloppe adressée au 281, chemin Tour du lac, au lac Supérieur.

J'ai tressailli en reconnaissant l'écriture d'Antoine. À notre dernière rencontre, trois ans plus tôt, j'étais enceinte du moustique. Depuis, Antoine ne m'avait jamais écrit.

Mes doigts ont caressé les signes. J'avais peur d'aller plus loin. J'ai déchiré un coin de l'enveloppe en tremblant comme les feuilles des bouleaux lorsque le vent se lève à l'approche d'une tempête. Quoi que disent ces mots, je ne me sentais pas la force de les lire.

J'ai déplié lentement les deux pages. Il avait pris le temps d'inscrire la date : le 1er juillet. C'était deux semaines auparavant.

Ce jour-là, notre fils avait eu trois ans.

J'aurais pu deviner les premiers mots. *Chère Marie-Lune, Je t'aime.* Il y avait tant de certitude dans cette phrase. Tant de détresse et de douleur aussi. Mais ce qui suivait, jamais, dans mes pires cauchemars, je n'aurais pu l'imaginer.

Il existe des phrases qui foudroient. On voudrait rester droit, mais c'est impossible. Elles peuvent faucher des montagnes.

ANTOINE. Je le revoyais comme au premier jour. Il sentait l'automne et les feuilles mouillées. Le soleil dansait dans la forêt de ses yeux.

J'ai crié à pleins poumons. ANTOINE ! Avec ce fol espoir que mon appel puisse le ramener.

Mais ses mots à lui enterraient ma voix.

Chère Marie-Lune,

Je t'aime. Mais j'ai decider de quitter ce monde parce que je n'ai plus la force de vivre. Ni l'envi.

Ne men veu pas. Essai quand même de veillé sur notre enfant.

Je t'en suppli.

Je t'embrasse pour la dernière foi.

Antoine

J'ai pris le porte-documents caché entre mes deux matelas et je l'ai fourré dans un sac à dos. J'ai dévalé l'escalier jusqu'au sous-sol de l'édifice et j'ai décroché mon vélo suspendu à un gros crochet.

Je savais où j'allais. Et pourquoi.

Chapitre 2

Que des adieux à crier au vent

Je roulais depuis plusieurs heures déjà. Montréal était déjà loin et Saint-Jérôme, tout près. Quelques kilomètres encore. Je ne connaissais personne à Saint-Jérôme. Je savais seulement qu'à partir de là il faut compter quatre-vingt kilomètres pour atteindre le lac.

Je ne fuyais pas. J'aurais voulu le dire à ma psy. Expliquer à la D^{re} Lise Bérubé que je ne me sauvais pas sur la route du Nord. J'avais rendez-vous. J'irais hurler ma rage aux grands sapins du lac.

Les humains n'ont rien à voir avec les arbres. C'est fou de vouloir danser dans la tourmente. S'accrocher ? Tenir bon ? Foutaises ! La vie est une paroi dangereuse. Et les hommes, des alpinistes fous. Il n'existe pas de prises sûres, rien de solide à quoi on peut s'agripper. Tout cède.

J'aurais voulu tenir bon. Mais le rocher était pourri et les vents déments.

La nuit est tombée. Les automobilistes m'engueulaient à grands coups de klaxon. Arrivée à Saint-Jérôme, j'ai filé tout droit. J'avais très soif pourtant et même si je n'avais pas un sou j'aurais au moins pu trouver un endroit où boire un peu d'eau. Mais je me sentais incapable de frayer avec les humains.

Je n'étais pas triste, juste enragée. J'avais envie de tout faire sauter. De mettre le feu aux poudres. De faire péter la planète. Au lieu, je pédalais comme si des meutes furieuses couraient à mes troussses.

La route est devenue plus montagneuse et j'étais épuisée. Je marchais à côté de mon vélo depuis un bon moment lorsque j'ai aperçu l'écriteau « à vendre » devant une maison qui semblait inhabitée.

Les fenêtres étaient condamnées, mais la tige du cadenas sur la porte avait été sciée. Les gonds rouillés ont grincé et, à peine entrée, j'ai entendu des pattes griffues courir sur les lattes du plancher. Des rats ou des souris.

Il y avait du bruit à l'étage. Des craquements, des chuchotements et un tintement de verre peut-être. J'ai attendu un peu sans bouger. J'étais trop fatiguée pour me laisser effrayer.

Mes yeux se sont habitués à l'obscurité et j'ai réussi à distinguer l'escalier. J'aurais pu m'écrouler dans un coin, mais j'ai quand même gravi les marches. Pour voir.

Un garçon et une fille étaient enlacés sous l'unique fenêtre. La lune s'amusait à barbouiller leurs visages pendant qu'ils s'embrassaient. Ils ne m'avaient pas entendue. Peut-être avaient-ils trop bu ? Plusieurs bouteilles de bière gisaient autour d'eux.

Ils se bécotaient joyeusement, avec gourmandise. L'alcool ou l'amour les rendait heureux. Parfois, des rires fusaient.

Soudain, sans avertir, ils se sont déchaînés. Il l'a serrée dans ses bras comme si la fin du monde approchait et elle l'a embrassé comme s'il partait des années, à la guerre ou en mer. Ils ont roulé sur le sol.

J'avais mal comme si on m'avait rouée de coups. J'étais à quelques mètres d'eux, mais il y avait des océans entre nous. Des mondes. Des galaxies.

J'étais si désespérément seule.

Une toute petite île, un radeau à la dérive.

J'ai dégringolé les marches puis foncé vers la porte. Dehors, j'ai respiré un grand coup. Mais ça n'allait pas mieux. En voyant mon vélo, je me suis sentie complètement vidée. Plus de gaz, plus d'électricité. Plus envie d'avancer. Dans ma tête, un bout de chanson de Luc Plamondon roulait en boucle: *M'étendre sur le sol... Et me laisser mourir...*

J'ai donné un coup de pied au vélo et je me suis écroulée sous un arbre.

Là, seulement, j'ai pleuré.

Antoine était mort. Il s'était tué.

Antoine était mort et je voulais mourir moi aussi.

J'ai scruté le ciel sans étoiles jusqu'à ce que mes yeux se ferment. J'ai dormi par à-coups, en grelottant, dans l'herbe haute.

Le soleil m'a réveillée. Un filet de lumière entre les pins et les feuillus. J'ai mis quelques secondes avant de me souvenir. En plongeant une main dans la poche de mon jean, j'ai reconnu la lettre.

Je t'embrasse pour la dernière foi.

C'était trop horrible pour être vrai.

Il y avait eu tant de départs, d'abandons, de ruptures. Antoine, Fernande, Jeanne, le moustique… J'étais un ciel de tempête déchiré par trop d'éclairs.

J'ai réussi à m'asseoir. J'avais très soif et tous mes muscles élançaient. J'ai attendu un peu. Quelques mésanges piaillaient. Les feuilles des ormes frissonnaient sous un vent paresseux.

J'ai trouvé une petite source d'eau. À peine un ruisseau. Je n'avais pas le courage d'enfourcher mon vélo alors j'ai marché lentement à côté.

Le soleil était déjà chaud et la route déserte. Combien d'heures me faudrait-il pour arriver au lac ? Je n'avais pas de lettre à écrire. Que des adieux à lancer aux arbres et au vent.

On ne commande pas toujours les souvenirs. Ils peuvent s'abattre sur nous sans avertir. Les mots d'Antoine tonnaient dans ma tête. Et voilà que soudain, Jean revenait m'habiter.

Le soleil tapait fort. Les cigales menaient un train d'enfer. C'était ma première promenade en montagne depuis l'accouchement. J'avais choisi l'eau vive et les dalles brûlantes de la cascade derrière la côte à Dubé. Je n'avais pas apporté de maillot, ni de livre, ni de pique-nique. J'étais simplement venue; je m'étais allongée sur les pierres lisses et je m'étais presque sentie heureuse. J'avais oublié qu'on pouvait être ainsi. Le cœur comme un lac à cinq heures.

Je ne savais pas que Jean fréquentait ce lieu. Les chutes de la Boulé sont connues de tous les résidents du lac, mais il faut compter une bonne heure de marche pour s'y rendre. J'avais l'habitude d'y être seule.

Il est arrivé sans bruit. Un vrai sauvage! Qui marche sans déranger une branche. J'ai eu peur en l'apercevant. Il a ri. J'avais relevé un peu mon tee-shirt pour me faire bronzer. Je me suis félicitée de ne pas l'avoir enlevé. Il s'est assis à côté de moi et tout mon corps a frémi. Ce n'était pas la première fois. La présence de Jean déclenchait de fabuleuses bourrasques en moi.

Il s'est mis à parler. Ça m'a aidée. Il a raconté des tas de trucs drôles sur les clients de la clinique vétérinaire où il travaillait pendant l'été. Ça me rappelait le salon de coiffure de Fernande et sa faune bizarre.

Jean a une théorie sur les hommes et les chiens: il croit vraiment que les gens adoptent un animal qui leur ressemble.

Pour appuyer sa théorie, il s'est mis à me décrire des propriétaires de caniche, de basset, de bouledogue, d'épagneul et de chow-chow. C'était délirant. J'étais persuadée qu'il en inventait au moins la moitié.

— Et j'imagine que les propriétaires de saint-bernard sont tous des ogres boulimiques ?

— Tu les connais ?

Je l'ai poussé un peu. Pour rire. Il s'est laissé rouler sur les dalles près du bassin et il s'est jeté à l'eau tout habillé.

— T'es malade !

Je riais aux éclats. J'avais l'impression d'avoir cinq ans. C'était merveilleux.

— Allez, viens !

Je me suis glissée dans l'eau fraîche et peu profonde sans même hésiter.

Nous ne riions plus. L'eau ruisselait sur son visage et son tee-shirt collait à sa peau. Jean est beau. Son corps est invitant. J'ai pensé à mes propres vêtements. En baissant les yeux, je crois que j'ai rougi un peu.

Jean s'est approché très lentement. Son regard de sable et de terre, si grave soudain, était planté dans le mien.

Jamais je n'oublierai l'instant où il m'a touchée. Quelques doigts sur mon cou. J'ai eu l'impression de flamber. De la tête aux pieds. Combien souvent, au cours des derniers mois, avais-je eu envie de Jean? Tant de désir étouffé par la peur, la solitude, la honte. Je n'étais plus enceinte; je recommençais mon adolescence à zéro et mon corps était prêt à exploser.

Ses mains tremblaient lorsqu'il a retiré mon tee-shirt. Les miennes aussi pendant que je le déshabillais. Nous nous sommes retrouvés nus dans l'eau. Nous ne nous étions même pas embrassés. Nous ne nous étions même jamais vraiment embrassés. Sauf pour ce bref baiser à l'hôpital alors que je portais encore l'enfant d'Antoine.

Des larmes roulaient sur mes joues. Je pleurais parce que c'était un moment magique et que ces moments ne tiennent qu'à un petit fil qui, à tout instant, peut lâcher. Je pleurais parce que j'avais tellement envie de lui.

Je crois qu'il a compris. Même si c'était compliqué. Il a compris puisqu'il m'a serrée si fort que des os ont craqué.

Nous sommes restés dans l'eau jusqu'à ce que ce ne soit plus possible. Jusqu'à ce que nous n'en puissions plus de seulement nous embrasser et nous étreindre.

Jean m'a alors soulevée comme il l'avait fait déjà. Il m'a étendue sur les dalles gorgées de soleil et il a plongé doucement en moi.

J'aurais voulu que ce fabuleux moment dure toujours. Lui aussi je crois. C'est pour ça que que nous sommes restés si longtemps immobiles, soudés l'un à l'autre, épuisés et heureux.

— Je t'aime.

— Moi aussi.

C'était un peu idiot de le dire parce que nous le savions tellement. Alors, nous nous sommes tus. Jusqu'à ce que les dalles deviennent fraîches.

Nos vêtements flottaient encore dans le bassin. Ce fut horrible de les remettre. Pendant qu'il me réchauffait, Jean a parlé.

De nous. Il m'aimait depuis ce matin d'hiver où il m'avait cueillie dans la neige, enceinte et en sang[1]*. Il voulait m'aimer tout le temps. Moi aussi. Tout était bien. Alors pourquoi y avait-il des éclats de panique dans sa voix ?*

Je l'ai embrassé. Pour l'apaiser. Pour le réconforter. Il a souri, dégluti. Et il a foncé.

Il partait. Trois ans. Reviendrait l'été. Quelques semaines seulement. Une chance

---

1. Voir *Les grands sapins ne meurent pas.*

inouïe: bourse d'études d'une école de médecine vétérinaire hyper importante en France. Il avait déjà accepté. Trop heureux de s'éloigner de moi. Il n'espérait rien alors. Il n'avait jamais rien espéré. C'est pour ça qu'il n'était pas venu à l'hôpital après l'accouchement.

— Annule tout!

Ça me semblait si simple. Il fallait régler l'affaire vite. C'était trop affreux.

— Je ne peux pas, Marie-Lune. Mon père en a arraché cette année... Je n'ai pas réussi à mettre de l'argent de côté. Cette bourse est ma seule chance d'étudier. Je pourrais me trouver du travail là-bas, après les cours, et acheter un billet d'avion à Noël. Ou t'en envoyer un...

Le petit fil avait cassé. J'aurais dû m'en douter. Il ne tient jamais. Chaque fois que l'on se sent prêt à déposer nos bagages, l'autre s'enfuit. Ou meurt. La vie n'est qu'une suite de déchirures. Alors, il faut se protéger. Ne jamais entrer en gare. Poursuivre sa route. Filer. Sans s'arrêter. Sinon, à chaque fois que le train repart, on est plus petit, plus vide et plus perdu.

Il fallait faire vite. Sauter même si le train roulait. Sauter au risque de se blesser. Sauter pour sauver sa peau.

Je courais déjà lorsque j'ai entendu un cri assourdissant. Qui trouait l'air, fendait le vent, sifflant entre les troncs pour se fracasser à mes tympans.

— MARIE-LUNE *!!!!*

Jean aussi savait crier plus fort que les oiseaux sauvages.

Chapitre 3

Laissez-moi me débattre

Au premier coup de pédale, mes muscles ont protesté. Tant mieux. La douleur noierait tout. J'ai accéléré. Et j'ai roulé, roulé, roulé. Sans jamais m'arrêter. Malgré les crampes et les étourdissements.

Le vent a augmenté, comme pour me défier. Son souffle prodigieux me rivait parfois sur place. J'avais l'impression de pédaler à vide. Alors, j'essayais de ne penser qu'au vent. À ce combat entre lui et moi. Et mes pieds continuaient à pousser les pédales.

D'un coup, le ciel a craqué. En quelques secondes, la route, la forêt, les rares maisons, tout a noirci. Puis, des éclairs flamboyants ont électrisé le ciel. Un grondement sourd a roulé loin derrière. Un géant enragé approchait. Il n'était que colère. Soudain, sa fureur s'est abattue, fracassant le ciel. Toutes les montagnes du nord furent secouées.

Pendant quelques secondes, le ciel s'est tu. Le temps semblait suspendu. Il pleuvait doucement. J'ai reconnu le panneau routier annonçant Sainte-Adèle. Puis, ce fut le déluge. Des trombes et des trombes d'eau. Je pédalais toujours. Le géant pouvait bien m'écraser, les éclairs m'embraser, j'avancerais toujours. Jusqu'au lac. Jusqu'aux sapins.

Le plus difficile, c'était de deviner la route dans toute cette eau. Je ne prenais même plus la peine de balayer la pluie de mon visage. Elle formait un écran entre le monde et moi.

Les automobilistes me mitraillaient de coups de klaxons et m'aveuglaient de leurs phares puissants, mais je refusais de quitter la chaussée pour rouler sur l'accotement. L'eau giclait à chaque fois qu'un véhicule me dépassait. Parfois, pendant quelques secondes, je ne voyais plus rien; j'avançais dans un trou noir. J'imaginais alors mon corps percutant le métal froid. Chaque fois, surprise, je me découvrais vivante.

Un gros camion s'est approché. Je l'entendais, encore loin derrière. J'avais hâte qu'il me dépasse. Peur et envie de voler en éclats. Il a lancé un formidable avertissement. J'ai souri. Je l'attendais. Je pédalerais. On verrait bien.

En me doublant, il m'a aspirée. La roue arrière de mon vélo a dérapé. Il n'y a pas eu d'impact. Point de collision. Mais j'ai été projetée comme si mon vélo se cabrait pour se débarrasser de moi. Puis mon corps a heurté le sol.

Le camion a filé. Derrière lui, une voiture a ralenti avant de s'arrêter. Un homme avançait vers moi dans le déluge. Il criait. Ma tête allait exploser. Mes poumons aussi. Je respirais péniblement.

L'homme était tout près maintenant. Il s'adressait à moi. Mais je ne pouvais pas l'entendre. Les paroles d'une chanson ruigssaient dans ma tête: *Laissez-moi me débattre / Venez pas me secourir / Venez plutôt m'abattre / Pour m'empêcher de souffrir.*

L'automobiliste me dévisageait maintenant, interdit, stupéfait. Parce que je chantais tout haut. Ou plutôt, je crachotais des paroles en tenant ma tête à deux mains pour ne pas qu'elle explose.

Il a tenté de me soulever, sans doute pour m'enfourner dans sa voiture et me livrer à l'asile. Mais je me suis débattue. Comme dans la chanson.

L'homme est reparti, penaud et sans doute inquiet. Le moteur a démarré, mais le conducteur a attendu un peu, comme s'il hésitait, avant de reprendre la route.

Il ne pleuvait plus. Mon jean était déchiré et j'avais les bras assez écorchés pour qu'un peu de sang se mêle à la boue. J'ai cherché mon vélo. Le camion ne l'avait pas embouti. Mais il avait dû faire un saut périlleux avant de se fracasser contre un arbre. Les roues étaient tordues. Il n'avancerait plus. Je ne pouvais pas l'enterrer, alors je l'ai laissé là.

Je savais exactement où j'étais. À cause de cette cabane au toit rouge à droite. Quelques centaines de mètres encore et je quitterais la route principale pour amorcer la montée jusqu'au lac.

Quinze kilomètres.

J'avais froid. Mes vêtements dégouttaient ; mes espadrilles étaient lourdes.

J'aurais dû m'arrêter et essorer au moins mes chaussettes. J'avançais en pensant que ce serait bon de m'écrouler et de ne plus jamais me relever.

Une nouvelle pluie, froide et fine, s'est mise à tomber comme j'attaquais la route menant au lac. C'était trop. J'en avais vraiment assez. Je me suis effondrée. J'ai fermé les yeux.

Le vent hurlait toujours. J'aurais aimé m'enfoncer dans le sol boueux. Glisser dans le ventre de la terre. Disparaître dans les entrailles du monde. Peut-être aurais-je réussi à rester immobile et à mourir tout doucement s'il n'y avait pas eu ce vent.

La forêt agitée me ramenait le souvenir des grands sapins livrés aux vents déments. Il n'existe pas de plus beau spectacle. On jurerait qu'ils sont vivants lorsqu'ils dansent ainsi dans le vent. Le ciel peut bien se déchaîner, ils continuent de valser.

C'est pour ça que je me suis relevée. Je ne serais jamais grande et forte comme les sapins du lac. Mais il y avait, au bout de cette route, la promesse de les revoir une dernière fois. Je ne fonçais plus dans le vent. J'additionnais seulement les pas. J'ai marché des heures. Quelques automobilistes ont ralenti en me dépassant. J'aurais pu leur faire signe. Ils seraient arrêtés et je serais montée à bord. Mais il aurait fallu parler. Et j'étais muette.

Du dépanneur, on peut voir le lac. Plutôt, on le reçoit d'un coup. On a beau le prévoir, l'attendre, c'est toujours un peu troublant.

Je n'avais pas remarqué qu'il ne pleuvait plus. Un soleil timide, écrasé par les nuages, éclairait doucement l'eau, traînant son voile de lumière avant de s'éclipser derrière les montagnes.

Rien n'avait changé. Les falaises étaient aussi hautes et abruptes que dans ma mémoire et le mont Éléphant avait gardé son bon gros dos rond. L'île n'avait pas sombré et tous les quais semblaient bien ancrés. Ce n'était qu'un petit lac de rien du tout, mais il avait quelque chose d'infini.

Mes jambes refusaient de courir, alors j'ai attendu patiemment qu'elles me mènent au 281, chemin Tour du lac. Il faisait presque noir maintenant, mais je connaissais bien l'étroit sentier menant à la maison bleue.

Il y avait des voitures, des lumières et beaucoup de gens. C'était la fête chez moi.

À qui Léandre avait-il loué la maison ? À moins qu'il n'ait menti. Qu'il ne l'ait vendue. La cuisine était éclairée. Des enfants couraient ; des adultes levaient leur verre à la flamme des bougies. Il y a eu des applaudissements. Et cette chanson stupide : *Ma chère Brigitte, c'est à ton tour....*

Quelqu'un m'a aperçue. La porte s'est ouverte.

— Qui est là ?

Une femme. Brigitte peut-être. Suivie d'un homme avec des airs de mari.

— Que faites-vous ici ?

Sa voix était bourrue. Comme si, depuis mon poste, derrière la fenêtre, j'avais pu leur chiper une part du gâteau.

Ne pas tomber. Je ne pensais qu'à ça.

J'aurais voulu expliquer. C'était pourtant simple. Je revenais chez moi, mais la place était prise. Bon. Ce n'était pas la fin du monde. Je voulais seulement voir les sapins au bord de l'eau. En bas, un peu plus loin. Il vente encore, alors peut-être bien qu'ils dansent.

J'aurais voulu leur expliquer, mais j'étais trop fatiguée. J'avais besoin de toute ma volonté pour ne pas m'écrouler.

— Elle a peut-être besoin d'aide...

— Non. Je pense qu'elle a pris trop d'alcool ou d'autre chose.

Leurs regards étaient braqués sur moi. L'homme s'est approché. Brave, le bon monsieur… Mes yeux ne le quittaient pas. J'étais une bête. Prête à détaler.

— Qu'est-ce que vous voulez ?

Il n'a même pas attendu ma réponse. Ce n'était pas grave. Il aurait attendu pour rien.

— Disparais ! Allez, ouste ! Va cuver ton vin ailleurs ou j'appelle la police.

J'aurais voulu bondir comme un chevreuil et fuir dans un grand sifflement mais j'étais trop faible. Je me suis enfoncée lentement dans la forêt, à deux pas du sentier.

Il restait les chutes derrière la côte à Dubé. C'était mon dernier havre. Mais il était si loin. Trois kilomètres d'un sentier impossible. De racines saillantes et de trous. Et ce versant si raide au fond duquel l'eau chantait.

J'ai failli rater le début du sentier. Je n'ai pas compté les fois où j'ai trébuché. Tomber, me relever. Dans le fond, ce n'était pas plus difficile que de pédaler.

J'ai cru rêver en entendant l'eau gronder. Bientôt, je pourrais descendre. Boire.

Enfin. Il fallait attendre au bon tournant, là où la pente s'adoucit un peu. Ne pas m'agripper aux branches, ni aux racines, ces traîtres.

J'ai à peine perdu pied. Dégringolé quelques mètres. Un peu plus de boue. C'est tout. L'eau était si bonne. Ça m'a émue. Le bonheur ramollit, même à si petites doses. La cuirasse fond. On redevient vulnérable.

J'étais seule dans la nuit. À la merci des ombres, des fantômes. Des lynx et des loups. Et il n'y avait plus rien vers quoi avancer. J'étais arrivée au bout du voyage. Il fallait oser faire ce que disait la chanson.

Une lueur brillait dans la forêt. C'était impossible pourtant. J'ai pensé au Petit Poucet. Flavi m'avait raconté cette histoire. J'adorais le moment où Poucet, perdu en forêt, distingue une lumière au loin. Il s'imaginait déjà dans la panse d'un loup et voilà que cette lueur changeait tout.

Une tache blonde trouait le noir. J'ai fait comme le Petit Poucet. En grimpant vers l'ouest. Les branches craquaient sous mes pas. Une petite bête a couru derrière moi.

À quelques centaines de mètres des chutes de la Boulé, loin derrière la côte à

Dubé, j'ai découvert une douzaine de maisonnettes au toit en pignon, éparpillées autour d'un édifice plus imposant. On aurait dit des maisons de nains. En pleine forêt. Je m'étais trompée d'histoire.

Mon sang s'est glacé lorsque j'ai aperçu la sorcière. Elle fonçait sur moi. Sa longue robe sombre battait au vent.

J'ai crié.

Longtemps.

Jusqu'à ce que les arbres vacillent et s'écrasent dans la nuit trop noire.

Chapitre 4

La femme voilée

J'ai hurlé en ouvrant les yeux. Un long cri de loup. Autour de moi, il n'y avait que des murs et du noir.

Parfois, quand j'étais petite, des cauchemars envahissaient mes nuits et, à mon réveil, pendant quelques secondes, je ne reconnaissais plus ma chambre. Alors je criais jusqu'à ce que Fernande apparaisse, prête à me consoler.

J'ai hurlé encore. Plus fort cette fois. Comme cent bêtes aux abois.

Une ombre s'est détachée. Une femme s'est approchée. Elle portait un voile, comme une longue chevelure d'étoffe légère. Elle s'est penchée sur moi. Sa robe sentait l'herbe et les fleurs. Ça m'a apaisée un peu.

Combien de cris ai-je émis dans la nuit? Combien de fois a-t-elle épongé mon front, pressé un linge humide sur mes lèvres sèches, remonté mes couvertures? Caressé ma joue de ses longs doigts doux?

À mon réveil, l'espace de quelques secondes, elle redevenait parfois une sorcière. Alors je criais de toutes mes forces. Mais c'était de plus en plus rare. En ouvrant les yeux, je reconnaissais son visage. Et ce murmure qui, chaque fois, m'apaisait.

— Chuuuttt… Chuuuttt… Chuuuttt…

Elle semblait toujours là. Fidèle, patiente, sereine. Ses yeux bleus, aussi pâles qu'un ciel d'automne, chassaient les monstres et les fantômes.

La pièce unique, minuscule, était percée d'une petite fenêtre. À ma droite, tout près du lit, j'ai découvert une table et une chaise de bois et, devant moi, sous la fenêtre, un meuble bizarre où elle s'agenouillait parfois.

Je me souvenais d'avoir vu des femmes coiffées d'un voile et agenouillées de la même façon dans un reportage de fin de soirée à la télé. Léandre avait dit que c'étaient de vieilles emmerdeuses. Elles lui avaient enseigné lorsqu'il était petit.

Depuis combien d'heures ou de jours étais-je alitée lorsque c'est arrivé ? Je m'étais réveillée en nage, le cœur battant. La femme voilée n'était pas à mes côtés. Mon regard s'est promené de la porte à la table avant de balayer les murs. J'ai tressailli en découvrant le visage de Jean dans l'étroite fenêtre. Ses yeux noirs brillaient dans le crépuscule. Il semblait si vrai, si près.

Deux secondes plus tard, il avait disparu.

Je pleurais encore lorsqu'elle est revenue. Je n'ai rien dit, rien expliqué. Il fallait effacer Jean de ma vie. Brûler tous les souvenirs. Ne plus jamais rêver qu'il me prenne dans ses bras. Ne plus rien souhaiter. Ne plus croire en rien.

Je ne dormais pas vraiment : je sombrais. À plusieurs reprises, jour et nuit, je m'enfonçais dans un demi-sommeil comateux. Mes rêves étaient de vastes champs de bataille où tous ceux que j'aimais mouraient à répétition. Lorsque j'émergeais enfin de ces cauchemars, je ne voulais plus vivre, ni mourir. Seulement dériver. Éternellement.

J'essayais parfois de reprendre pied dans la réalité. Mon père était vivant. J'étudiais la littérature. J'avais quelques amis. Ma grand-mère Flavi. Une psy. C'était mieux que le vide. Mais c'était trop peu.

Souvent, dans ces rêves agités, je faisais naufrage. Les vagues d'une rivière déchaînée me happaient et le courant me charriait comme un vulgaire galet. Pour sortir vivante de ces eaux écumeuses, il faut pouvoir s'agripper à quelque chose, or toutes les pierres glissaient sous mes doigts et chaque fois que je réapparaissais à la surface de l'eau, avec l'espoir d'aspirer un peu d'air, une nouvelle vague s'abattait sur moi.

J'étouffais. Mes poumons allaient éclater. J'allais m'éparpiller dans l'eau comme une vieille coque fracassée. S'il n'y avait pas eu cette femme, ses yeux, ce mélange d'eau et de ciel, je n'aurais peut-être pas eu la force de me révolter, de défier le courant et d'échapper aux vagues.

Elle était là lorsque j'ai refait surface. Elle souriait. C'était bel et bien une sœur. Une religieuse. De vieilles emmerdeuses, avait dit Léandre. Mais la femme à mes côtés était jeune, vingt ou vingt-cinq ans peut-être, et elle était jolie. Les traits de son visage étaient parfaits. Elle avait des yeux magnifiques, un sourire doux.

Elle n'a pas bougé et elle n'a rien dit pendant que je la grignotais des yeux. J'aurais voulu savoir où j'étais. Qui elle était. Les sœurs ont bien un nom. Non ?

Sa longue jupe bleue effleurait le sol. Elle portait des bas de grosse laine brune et des sandales de cuir. Son voile d'un bleu plus clair couvrait ses épaules et son dos. Un chapelet de corde pendait à sa ceinture et une mince bague cerclait l'annulaire de sa main gauche. Malgré son vêtement ample, je devinais un corps mince, gracieux peut-être, et j'essayais d'imaginer cette jeune femme en jean.

Un peu plus tard, elle est sortie. Puis, j'ai vu d'autres religieuses défiler à la fenêtre. J'avais déjà deviné qu'elle n'était pas seule et je n'avais pas peur de ces femmes costumées. J'étais même plutôt contente de me réveiller dans ce lieu si différent de tout ce que je connaissais.

Avec un peu d'efforts, j'ai réussi à rassembler quelques pièces du casse-tête de ma vie. Au souvenir de la lettre d'Antoine, j'ai eu envie de fuir à nouveau ou de basculer dans le vide. Parce que ces mots me faisaient trop mal. Parce que la vérité était trop cruelle, trop atroce, trop épouvantable.

Je ne sais pas ce qui m'a retenue. D'autres souvenirs ont affleuré. Ma folle chevauchée sur la route du nord et ma longue marche jusqu'à la maison du lac puis le sentier menant aux chutes de la Boulé. Après, j'étais perdue.

Personne n'habitait cette forêt. Il n'y avait que des sapins et des bouleaux dans la montagne derrière la côte à Dubé. Des geais bleus et des sittelles. Des lièvres et des chevreuils. Des renards et peut-être des loups. Alors d'où venait l'étrange tribu de petites sœurs ?

J'ai voulu me lever, mais tous mes membres ont protesté et ma tête menaçait d'exploser. J'ai attendu.

Les sœurs m'avaient déniché une chemise de nuit immense. En tâtant les manches, j'ai découvert quelques pansements sur mes bras, rien de bien inquiétant. Mon jean et mon tee-shirt étaient propres et bien pliés sur la table à côté.

Quelques minutes ou quelques heures se sont écoulées. Des flots de lumière se bousculaient à la fenêtre. Je m'apprivoisais.

Ce soir-là, ma petite sœur a réussi à me faire manger un peu. Elle avait placé plusieurs oreillers dans mon dos et j'ouvrais la bouche comme un oisillon. Le liquide était chaud et bon. Après quelques cuillerées, j'ai réussi à dire merci et à m'emparer du bol pour manger seule.

Elle semblait vraiment contente. J'ai souri un peu. Puis, je me suis endormie.

À mon réveil, elle avait disparu. J'ai eu peur. Je m'étais habituée à sa présence. J'avais besoin de sa présence. Je me sentais timidement vivante. Encore indécise. Attirée par le néant. Sa présence m'étonnait et la curiosité me faisait revivre. J'aurais voulu savoir qui était cette étrange femme, à peine plus âgée que moi, déguisée en religieuse. Comme j'allais me lever, la porte s'est ouverte. La petite sœur m'apportait un plateau chargé de pain, de beurre et de fromage.

— Merci…

Elle n'a rien dit. Elle a déposé le plateau et elle est partie.

J'ai mangé. J'avais encore très mal à la tête et tous les muscles de mon corps semblaient avoir été pétris par un boulanger furieux, mais je me sentais assez forte pour m'habiller, marcher. J'en avais assez de cette pièce exiguë.

J'avais déjà enfilé mon tee-shirt et mon jean lorsqu'elle est revenue. Elle allait repartir avec le plateau sans dire un mot. On aurait cru qu'elle m'évitait. Je ne comprenais pas. Elle avait été témoin de mes délires. Peut-être craignait-elle d'éveiller des fantômes en s'adressant à moi ?

— Je m'appelle Marie-Lune…

Elle s'est arrêtée devant la porte. Je ne voyais que son voile et sa longue jupe.

— Marie-Lune Dumoulin-Marchand… J'habitais au bord du lac. Avant…

J'ai pensé : avant que ma mère meure et que la Terre cesse de tourner. Avant qu'on coupe le cordon m'attachant au moustique. Avant que Jeanne disparaisse. Avant qu'Antoine se tue.

Mais je n'ai rien dit.

Elle ne bougeait pas. Quelque chose n'allait pas.

— Où suis-je ?

Les mots avaient jailli, déjà lourds d'alarme. Elle s'est tournée vers moi en m'offrant un petit sourire navré et elle est sortie.

Je l'ai suivie. Dehors, j'ai eu un choc. Je me suis souvenue des maisonnettes entrevues dans la nuit. Ce n'était pas un rêve ; elles étaient bien là. Un peu plus loin, la porte d'un bâtiment plus vaste s'est ouverte et une femme s'est dirigée rapidement vers moi. Son voile bleu claquait au vent et la jupe de sa longue robe ample dansait autour d'elle.

— Bonjour !

Le son de sa voix était joyeux. Clair et franc. Elle s'est assise dans l'herbe en m'invitant à la rejoindre. Elle était plus âgée que ma petite sœur gardienne.

— Bienvenue chez nous, ma belle. Nous sommes toutes contentes de te voir mieux. Avant-hier, tu nous as fait peur… Je n'ai jamais vu quelqu'un délirer autant. Heureusement, avec sœur Élisabeth, tu étais entre bonnes mains. Même que tu ne pouvais pas être entre meilleures mains…

Elle s'est mise à rire. Un joli rire, un peu espiègle. Je ne comprenais pas ce qui l'amusait.

— Tu te demandes sûrement qui nous sommes et ce que nous faisons ici. Nous sommes les petites sœurs d'Assise, une communauté nouvelle. Notre maison mère est en Italie, dans les Alpes. C'est presque aussi beau qu'ici…

Du regard, elle a caressé la forêt. Puis, ses yeux se sont à nouveau posés sur moi.

— Nous sommes arrivées il y a un peu plus de deux ans. Une dame nous a légué ce terrain de plusieurs dizaines d'acres traversé par le cours d'eau. En quelques mois, avec beaucoup d'aide, nous avons construit les cellules. C'est ainsi que l'on nomme nos petites maisons… Le bâtiment d'où je viens est notre monastère. Un peu rustique et pas encore tout à fait étanche, mais on y est bien quand même. Aux limites du terrain, en bas, près de la route, nous avons une maison à deux chambres pour les visiteurs et à mi-chemin il y a la chapelle.

Pendant qu'elle reprenait son souffle, des tas de questions se pressaient dans ma tête. Que faisaient-elles toute la journée ? Comment survivaient-elles, si loin de tout ? Et pourquoi diable voulaient-elles tant s'isoler ? Où trouvaient-elles l'argent pour construire tous ces bâtiments ? Et manger trois fois par jour ? Pourquoi portaient-elles ce curieux costume ?

La femme devant moi semblait saine d'esprit. Mais on ne sait jamais… Si elle était parfaitement normale, comment expliquer ce cirque ?

— Je suis sœur Louise. La prieure. Une sorte de mère supérieure, si tu veux. Je me suis jointe à la communauté il y a quinze ans.

Quinze ans ! Elle ne semblait pourtant pas si vieille. Elle a ri encore. Elle avait deviné mes pensées.

— J'avais vingt ans quand j'ai pris l'habit... Nous sommes quatorze petites sœurs aujourd'hui. Ici. Mais en tout, à travers le monde, nous sommes plus de trois cents !

Elle semblait diablement fière de ce nombre. Une sorte de record. Pourtant, à ce que je sache, des sœurs, il y en avait toujours eu un peu partout. Bon, d'accord, elles ne vivent pas toutes dans le bois comme les premiers colons, mais sinon je ne voyais pas trop ce que la taille de cette communauté avait d'extraordinaire.

Sa voix est devenue plus grave.

— Tu peux rester avec nous aussi longtemps que tu voudras. Sœur Élisabeth reprendra sa cellule, mais nous pouvons t'installer à la maison des visiteurs. Tu y seras seule et tu pourras refaire tes forces. Il faudra marcher un peu tous les jours... Les petites sœurs préparent des paniers de nourriture à l'intention des visiteurs. Nous laisserons le tien dans un abri près de la chapelle, de l'autre côté du sentier. Il y en aura un après matines… c'est la cérémonie qui se termine vers huit heures, et un après vêpres, vers dix-neuf heures. Tu peux aussi te joindre à nous pour prier chaque fois que tu voudras.

Je n'ai rien dit, mais dans ma tête c'était clair : je prendrais peut-être les paniers mais pas la prière. J'avais à peu près autant envie de prier que de pédaler. Je ne crois pas en Dieu et, de toute façon, si je m'étais mise à prier, j'aurais eu tant de choses à demander que le bon Dieu lui-même aurait démissionné.

— Merci… Je vais peut-être rester… quelques jours… Juste un peu… Je ne sais pas vraiment…

Je devinais que ces femmes risquaient de m'agacer avec leur vie inutilement compliquée. Mais rester là me permettait de ne rien décider et ça ne m'engageait à rien. J'étirais le temps. Je me reposais sur une autre planète. En attendant.

Son regard était perçant. Elle a pris ma main. La droite, je m'en souviens. Et l'a pressée entre les siennes.

— Marie-Lune… Sœur Élisabeth m'a confié ton nom… Je sais que tu reviens d'un long et pénible voyage. Nous avons beaucoup prié pour toi et nous prions encore.

Prier pour moi ! C'était ridicule. J'aurais voulu lui expliquer qu'elles perdaient leur temps. Le père Noël et le bon Dieu ne pouvaient plus rien pour moi.

La prieure m'énervait déjà. J'aurais dû lui dire le fond de ma pensée. Mettre les choses au clair. Mais parfois c'est tellement plus facile de se taire.

Elle m'a accompagnée à la maison des visiteurs et, en passant devant la chapelle, elle m'a indiqué l'abri. C'était quand même romantique cette histoire de petits paniers et je me disais qu'à dix-neuf heures, j'aurais sans doute faim.

Je me proposais de rester quelques jours seulement. J'avais envie de revoir Élisabeth, de lui parler et de passer un peu de temps avec elle. J'étais un peu déçue qu'elle fasse partie de cette communauté bizarre, mais je pensais qu'elle pourrait peut-être m'aider à comprendre.

Au rez-de-chaussée, il n'y avait qu'une grande pièce, tout à la fois salon et salle à manger, avec, au fond, un évier et une vieille cuisinière à gaz à deux éléments qui semblait fonctionner à grands coups de miracles. Quatre chaises droites dépareillées, une petite table de bois foncé, deux fauteuils épuisés. L'escalier menant à l'étage craquait à chaque pas. Les deux portes étaient fermées. Elle a poussé la première.

Quelqu'un avait préparé le lit. Il y avait aussi un petit bureau et un prie-Dieu, ce drôle de meuble que j'avais remarqué dans la cellule de sœur Élisabeth. Sœur Louise m'a expliqué. Elle m'a montré la Bible aussi. C'était le seul *best-seller* disponible, aussi bien m'en contenter.

Deux minutes après le départ de sœur Louise, je suis tombée endormie toute habillée. À mon réveil, le soleil avait disparu. Ma montre indiquait vingt heures et j'avais l'estomac creux. Je me suis souvenue des paniers. Dehors, l'air frais m'a ragaillardie. J'étais bien dans cette forêt silencieuse. Je me sentais à l'abri.

En revenant, un panier d'osier accroché au bras, j'ai pensé que j'aimerais peut-être vivre ici. Toujours. Manger, dormir et marcher parmi les arbres. Rien d'autre. Jamais.

Il n'y avait pas d'électricité, alors j'ai allumé des bougies. Sous un carré de coton, j'ai trouvé une salade, du poulet, du pain et des biscuits dans le panier. Au fond, il y avait un petit carton sur lequel quelqu'un avait simplement écrit : *Bon appétit.*

Élisabeth… J'espérais que cela vienne d'elle.

Chapitre 5

Jette-toi dans ses bras

Un chant m'a réveillée. C'était la nuit pourtant. À la fenêtre, je ne voyais qu'un fragile croissant de lune et quelques troupeaux d'étoiles. Le matin était encore loin. J'avais beau fouiller le ciel, aucun signe de ces poussières mauves et dorées annonçant l'aube.

Il n'était que cinq heures quarante-cinq. J'ai enfilé mes vêtements rapidement. Dehors, l'air était tiède et bon. J'avais pris une bougie ; je l'ai allumée avant d'attaquer le sentier, mais la cire chaude coulait sur ma main alors j'ai soufflé la flamme.

La forêt était noire, dense et secrète. Pourtant, je n'avais pas peur. Peut-être à cause de ce chant lointain qui animait la montagne. Je me dirigeais vers la chapelle. C'est de là que venait l'étrange cantique.

La chapelle était vide. Enfin, toute la section où s'alignaient les bancs. Les sœurs étaient en retrait, au fond, près de l'autel. Je me suis assise à l'avant, au beau milieu du premier banc.

Elles chantaient des prières. J'ai mis longtemps avant de distinguer les paroles. Rien de très original. Plutôt ennuyeux même. Du genre : prions Dieu, Dieu est bon, béni soit le Seigneur. Pourtant, quelque chose m'émouvait dans ce chant. Elles chantaient d'un même souffle, d'un même cœur, avec une telle ferveur que les mots n'avaient peut-être pas tant d'importance.

On sentait qu'elles s'adressaient à quelqu'un de très loin. E.T. l'extra-terrestre ou le bon Dieu. Elles ne criaient pas, leur chant était même doux, mais il semblait puissant.

Je suis restée jusqu'à la fin. Juste avant de quitter la chapelle, les sœurs se sont avancées, une à une, jusqu'à l'autel. Elles marchaient très lentement, sans faire de bruit. Comme pour ne pas déranger quelqu'un.

Devant l'autel, elles s'agenouillaient un moment et lorsqu'elles se relevaient pour retourner à leur banc, j'entrevoyais leur visage quelques secondes. J'ai reconnu Élisabeth tout de suite et elle m'a aperçue elle aussi, j'en suis sûre, malgré la pénombre, même si elle n'a pas réagi.

J'ai décidé de l'attendre dehors, devant la chapelle. Je lui expliquerais que j'avais encore besoin de sa présence. Elle m'avait aidée à chasser les monstres, à refaire surface, à m'accrocher. Sans doute pouvait-elle encore m'épauler, me rassurer, combler un peu ce vide autour de moi.

De toute façon, j'avais besoin de lui parler. Il fallait que je sache pourquoi elle chantait des prières dans la nuit. Élisabeth était à peine plus âgée que moi. Que faisait-elle ici ?

Elles sont sorties à la queue leu leu, sans dire un mot. C'était un peu impressionnant ; je n'osais pas m'approcher. Alors, j'ai crié :

— Élisabeth !

Elle s'est tournée rapidement vers moi puis elle a continué. Tout droit, comme un stupide mouton. Comme si je n'existais pas.

Je comprenais maintenant. Élisabeth avait joué à la Mère Teresa et sa mission était terminée. Elle se fichait de ce qui m'arriverait désormais. J'aurais dû m'y attendre. Les gens glissaient dans ma vie. Toujours fuyants. Incapables de prendre racine.

Allez ! Va-t'en ! Je m'en fous. Tu es comme tout le monde, Élisabeth. Tu n'as rien d'extraordinaire. Malgré ton voile et tes chants bizarres. Tu vis dans une bulle. Tu n'as rien à donner. Rien à raconter.

Des larmes roulaient sur mes joues. Un bras a entouré mon épaule. Sœur Louise. Le pire, c'est que j'avais envie de m'abandonner. De fondre dans ses bras. Dans n'importe quels bras. Mais à force de s'épancher à tous vents, on finit par se perdre complètement. J'en avais assez des réconforts éphémères. De ces bonheurs furtifs derrière lesquels gronde l'orage.

Elle m'a entraînée vers une porte derrière la chapelle. La pièce humide sentait le moisi. Il n'y avait qu'un vieux bureau et deux chaises de bois très rustiques. Sœur Louise a déplacé les chaises pour que nous soyons face à face, sans meuble entre nous. Elle s'est assise et je l'ai rejointe. Elle a attendu un peu, comme pour mieux ordonner ses idées. Puis, elle a parlé.

— Sœur Élisabeth ne te répondra pas, Marie-Lune. J'aurais dû t'avertir hier. Mais j'avais peur que tu fuies et je souhaitais que tu refasses tes forces parmi nous. Nous sommes des moniales, Marie-Lune. Des sœurs cloîtrées. Nous avons prononcé le vœu du silence. La prieure a le devoir d'accueillir les visiteurs et de répondre à leurs questions, mais le reste du temps, elle aussi le consacre à Dieu, en silence.

Sœur Louise s'est arrêtée, le temps que ces informations s'implantent. Des femmes moines ? Emmurées dans le silence ? J'étais stupéfaite.

Je savais qu'il existait des cloîtres. Je n'en avais jamais visité, mais je les imaginais comme de vastes prisons aux murs très hauts avec des grilles un peu partout. Ici, c'était différent. Un cloître en pleine nature ! C'était donc ça leur communauté d'Assise. Elles priaient parmi les bêtes et les plantes comme saint François d'Assise. J'avais vu le film de Zeffirelli sur lui. Je comprenais, maintenant, pourquoi elles n'étaient que trois cents et pourquoi elles appelaient cellules leurs drôles de maisonnettes à pignon. Cellule... comme dans une prison.

Je pensais à Élisabeth. Élisabeth était bien trop belle, bien trop jeune, bien trop vivante pour participer à cette folie. Je n'arrivais pas à y croire. Je ne voulais pas y croire. J'imaginais bien des femmes cloîtrées dans un film ou dans un livre. C'était même fascinant. Mais pas dans la vie. L'idée qu'Élisabeth vive retirée, ici, dans le silence, jusqu'à sa mort, m'horrifiait.

Sœur Louise a repris son discours.

— Nous vivons très pauvrement. C'est notre désir. Dieu a dit: *Je te conduirai au désert et là, je parlerai à ton cœur.* Nous l'avons suivi.

Le désert? Ma pauvre Louise, reviens sur terre. C'est la montagne de la côte à Dubé ici. Rien à voir avec ton Dieu du désert. Tu t'es trompée d'adresse. Désolée. Il y a plein d'eau ici et tout est vert.

Élisabeth ne pouvait pas faire partie de cette bande de timbrées. Il y avait quelque chose de solide et d'ensoleillé en elle. Je ne l'avais pas inventé. Elle s'était fait emberlificoter. Sœur Louise et ses acolytes lui avaient savonné la cervelle. C'est courant dans les sectes. Je l'avais lu dans un magazine. Mais on peut s'en sortir.

— Je veux voir Élisabeth. Je suis sûre qu'elle veut me parler. C'est vous qui l'en empêchez.

Ma colère montait. Je me sentais prête à me battre pour voir Élisabeth, pour lui parler, pour l'arracher à ces détraquées.

— Sœur Élisabeth n'est pas prisonnière, Marie-Lune. Elle peut partir si elle le désire. Mais elle est heureuse ici. Et rassure-toi, nous ne vivons pas totalement dans le silence. Tous les dimanches, pendant quelques heures, nous partageons les événements importants de notre vie spirituelle.

J'ai ricané. Si je vivais six jours par semaine sans dire un mot, le septième j'aurais envie de parler d'autre chose que de ma vie intérieure.

La prieure poursuivait, imperturbable.

— Il arrive que des petites sœurs renoncent temporairement à leur vœu de silence dans des circonstances extraordinaires. Et je comprends ton désarroi... Mais Élisabeth est jeune et elle a vécu des expériences difficiles dans sa courte vie moniale. Elle a besoin d'être seule dans sa cellule et de renouer avec Dieu. Il faut respecter son silence. Je l'ai chargée de te veiller parce qu'elle est médecin. Je devinais aussi qu'une sympathie naturelle s'installerait. C'est la plus jeune d'entre nous. J'aurais dû comprendre que ce serait difficile pour toi après. Je suis désolée…

Élisabeth médecin ? Alors que faisait-elle déguisée en sœur ? Cloîtrée en plus ?

C'était trop bête de gaspiller sa vie pour rien. Bon, d'accord, la mienne ne valait guère mieux, mais au moins je ne faisais pas exprès. J'avais tout perdu. Elle avait tout abandonné. C'était bien différent. Comment peut-on s'ensevelir ainsi à vingt ans ?

— Si vous restez un peu parmi nous, peut-être comprendrez-vous cette voie de Dieu qui est la nôtre.

La voie de Dieu ! Elle se prenait pour un gourou maintenant. C'était trop. Je frémissais. De rage contenue, de fureur étouffée.

— Écoutez-moi bien, sœur Louise. Je suis peut-être arrivée ici comme une naufragée, mais je n'ai pas perdu ma cervelle en chemin.

Ma colère flambait. J'avais envie de fondre sur elle et de la secouer jusqu'à ce qu'elle me jure qu'Élisabeth parlerait.

— Vous êtes malade ! Très, très malade. Et dangereuse parce que vous en contaminez d'autres. Je vais vous dire un secret : le bon Dieu n'existe pas. Compris ? C'est dommage et je comprends que ce serait plus chouette s'il était là pour veiller sur nous et tout arranger. Mais il n'y est pas. C'est comme ça. Il n'y a pas de patron, pas de capitaine, pas de chef d'orchestre. C'est pour ça que c'est le bordel. S'il y avait un Dieu, il ferait le ménage. Remarquez que ce n'est pas grave d'y croire, même s'il n'existe pas. Si ça vous réconforte, sans nuire à personne…

Elle m'écoutait. Elle semblait triste et navrée. J'aurais préféré qu'elle se fâche.

— C'est correct d'y croire, mais c'est vraiment débile de s'enterrer vivante. Il y a d'autres choses à faire. Lisez les journaux : c'est plein de gens qui crèvent de faim. Si vous aimez la misère, concentrez-vous sur la famine au lieu de votre vie intérieure. Ou soignez les lépreux, tiens. Vous seriez héroïques au moins.

Elle me regardait toujours avec cet air stupidement désolé. Elle n'avait rien compris. C'était une cause perdue. Aussi bien parler aux pierres. J'en avais assez.

J'avais espéré trouver un havre. Ou même simplement un abri où soigner mes blessures. Mais il n'y a pas de refuge, ni de trêve. La vie est une guerre continue.

Pauvre Élisabeth. J'avais presque réussi à croire, encore, une dernière fois, qu'il existait des gens sur qui on peut s'appuyer. Sur qui on peut compter. Qui ne fuient pas, ne disparaissent pas, ne tombent pas.

Je m'étais trompée.

J'ai foncé vers la porte. Dehors, de l'autre côté du sentier, j'ai vu le panier qu'elles avaient déposé à mon intention. Je ne voulais plus de leurs repas à l'eau bénite. Un bon coup de pied et la nourriture s'est répandue sur les roches poussiéreuses.

Je me suis mise à courir. J'avançais vers rien, mais au moins je me sauvais de ces folles illuminées. Bientôt, j'ai entendu le ronflement des chutes. C'est là que j'ai pensé à Jean. À cette lettre expédiée de France quelques semaines après nos ébats sur les dalles brûlantes.

La lettre de Jean! Et celles de Fernande. Les dernières phrases d'Antoine. Et tout ce courrier jamais expédié à mon moustique. Ces lettres étaient tout ce qui me restait. Des miettes arrachées aux tempêtes. Je devais retourner à la maison des visiteurs pour récupérer le porte-documents dans lequel je les avais réunies, puis fuir, courir, vite, loin d'ici.

En haletant, j'ai grimpé le sentier à pic. J'ai soupiré en trouvant le porte-documents sous mon lit. Il n'était pas fermé et je me dépêchais trop. C'est pour ça que les lettres se sont répandues.

Ça m'a donné un coup. Mes mains tremblaient en récupérant les pâles épaves sur le plancher de bois dur. Ces mots tracés par ma mère, il y a tant d'années. Elle avait réellement existé. Parfois, j'avais l'impression d'avoir tout rêvé.

Et le moustique. Tant de confidences lancées au vent.

Il y avait aussi les mots matraques d'Antoine. Et cette lettre de Jean dont je connaissais chaque mot.

Tu peux courir, Marie-Lune, je t'aimerai toujours. L'été prochain, je marcherai jusqu'aux chutes de la Boulé, je m'étendrai sur les roches et je t'attendrai. Je serai là tous les étés. Et dans trois ans, si tu n'es pas revenue, je m'installerai au bord du lac, juste au pied de la côte à Dubé, et je ne bougerai pas jusqu'à ton retour.

Chacun des mots de ce paragraphe me ravageait. Autant de syllabes que d'écorchures. Pourtant, c'était de la frime. J'en étais sûre. Ça ne coûte rien de promettre. C'est si facile de tomber dans le piège et d'y croire. Mais on finit par y laisser sa peau.

Le paquet d'enveloppes me semblait lourd. En relevant la tête, j'ai remarqué un bout de papier échoué près du prie-Dieu. Un signet. Je l'ai ramassé machinalement et j'allais le déposer entre les pages de la Bible lorsque les mots m'ont assommée.

Des mots écluses qui font tout sauter. Des mots couteaux qui fouillent les blessures.

Quelqu'un avait écrit à l'encre bleue :

Veux-tu savoir si Dieu t'aime ?

Jette-toi dans ses bras.

C'étaient des mots idiots. Deux petites phrases de rien du tout. J'ai essayé de rire.

Mais je pleurais déjà.

J'ai déchiré le signet. Pour effacer ces mots fabuleux. *Jette-toi dans ses bras...* Cette phrase charriait le souvenir de tous ces bras où je m'étais déjà blottie.

J'imaginais ces étreintes et j'avais mal à mourir. J'imaginais ces étreintes et je me sentais seule à mourir. J'avais tellement besoin de sombrer dans la chaleur de quelqu'un.

— MAMAAAN !

Mon corps tanguait. J'ai quand même réussi à descendre l'escalier sans m'effondrer et à pousser la porte.

Sœur Louise était là.

Je me suis jetée dans ses bras.

Chapitre 6

À coups de poing dans l'orage

Pourquoi suis-je restée ? Mais où donc serais-je allée ? Elles étaient peut-être cinglées mais si peu dangereuses au fond. Le piège, c'était de s'enliser avec elles dans ce silence.

Sœur Louise se défendait bien de vouloir me convertir. Depuis qu'elles s'étaient installées près des chutes de la Boulé, trois jeunes femmes avaient tenté de se joindre à elles. Sans succès. Après quelques jours ou quelques semaines, elles étaient reparties.

Sœur Louise disait qu'on ne peut pas prendre l'habit pour échapper à la réalité. Il faut vraiment être appelé. Parfois, des gens malheureux réussissaient à se convaincre qu'ils étaient, comme elles, habités par Dieu, d'une façon toute spéciale. Les trois femmes qui étaient venues n'avaient pu se bercer longtemps d'illusions. Les petites sœurs sont debout à cinq heures tous les matins et elles prient Dieu jusqu'à huit heures. Dans leurs cellules d'abord, puis à la chapelle. Elles travaillent un peu de leurs mains, tous les jours, à la cuisine, au jardin ou à l'atelier. Plusieurs moniales, dont Élisabeth, peignent des pièces de poterie qu'elles vendent à Saint-Jovite. Le reste du temps, elles prient.

— Aucune des trois femmes qui sont venues n'avait été appelée. Je le savais. Mais elles devaient le découvrir seules. En vivant avec nous, en répétant chaque jour les mêmes gestes, les mêmes prières, elles ont compris que leur place n'était pas ici. C'est Dieu qui donne un sens à notre vie. Si notre foi n'était pas si puissante, nous serions toutes flétries. Il faut posséder un soleil intérieur pour s'épanouir dans un cloître. Les trois femmes sont reparties parce qu'elles dépérissaient. Le test ne pardonne pas. Seules celles à qui ce silence apporte la joie restent.

J'écoutais la prieure sans trop savoir quoi penser. Je n'arrivais toujours pas à comprendre, mais je ne me moquais plus. Sœur Louise était sincère et il y avait quelque chose d'émouvant dans ces moniales. Leur passion, peut-être...

Je devinais maintenant qu'Élisabeth désirait vraiment ce silence, mais j'aurais voulu qu'elle m'explique elle-même, qu'elle trouve les mots. Avoir la foi... ça sonne bien mais ça signifie quoi ? Je l'ai dit à sœur Louise. Elle m'a longuement regardée. Ses yeux trahissaient l'impuissance.

— Pauvre Marie-Lune. C'est difficile de trouver les mots... C'est mystérieux, la présence de Dieu. Ça s'explique mal et pourtant c'est tellement fort, tellement vrai...

Elle a hésité un peu avant de poursuivre.

— Je n'étais pas bien différente de toi lorsqu'il est venu me chercher. J'étudiais à l'université. J'avais des amis et j'étais heureuse. Il est arrivé comme un voleur. Un ouragan dans ma vie. Du jour au lendemain, il n'y a plus eu que lui. Rien d'autre ne comptait. Je voulais seulement me rapprocher de lui. Passer tout mon temps avec lui. Je l'aimais.

Sa voix s'était brisée sur les derniers mots. On ne pouvait douter de sa sincérité. Son corps entier s'animait lorsqu'elle parlait de son impossible amoureux. Dieu ! J'étais sidérée.

Je ne connaissais pas son Dieu mais j'avais déjà aimé, moi aussi. Follement. Passionnément. De tout mon cœur. De tout mon corps. De toute mon âme, même.

Elle s'est arrêtée, gênée. Sa pudeur la poussait vers d'autres sujets. C'est ainsi que j'ai appris qu'elles avaient conquis leurs voisins. Des gens du lac leur prêtaient des outils, offraient des litres de peinture, réparaient des carreaux brisés, déblayaient un bout de sentier l'hiver. Un jeune homme venait tous les samedis, l'été. Elles semblaient l'avoir adopté. À entendre sœur Louise, il avait tous les dons. En plus d'être beau !

— Faites attention ! Votre Dieu sera peut-être jaloux…

J'avais parlé sans réfléchir. Je ne voulais pas l'insulter. Depuis qu'elle m'avait parlé de son amoureux, je me sentais plus près d'elle.

Elle a ri de bon cœur. C'est là que j'ai décidé de rester. Une semaine. Pas plus.

Léandre serait averti au retour de sa partie de pêche. Elle me l'avait promis.

Peut-être suis-je restée par curiosité. J'avais décidé de les épier. Sœur Louise jurait qu'elles étaient heureuses dans ce silence. On verrait bien.

J'ai vite découvert qu'il faut beaucoup de patience pour jouer aux espions. Des heures, allongée sous les arbres, sans que rien se passe ! De temps en temps, une petite sœur quittait sa cellule et se dirigeait lentement vers le monastère. Elles ressortaient toujours au bout de quelques minutes. Je me demandais à quel rituel bizarre elles pouvaient bien se livrer. Les intervalles étaient irréguliers et c'était toujours une sœur différente. J'aurais fait un bien piètre détective. J'ai mis trois heures à comprendre qu'elles allaient faire pipi.

Je ne savais pas par quelle maisonnette amorcer mon exploration. Je voulais surtout observer sœur Élisabeth et j'avais très peur qu'on découvre mon audace. Sœur Louise m'avait expliqué que les cellules des moniales constituaient pour moi une zone interdite. Je pouvais errer dans la forêt, me joindre à elles dans la chapelle, faire tout ce qui me chantait à la maison des visiteurs et frapper à la porte du monastère au besoin, mais je n'avais pas accès aux cellules des moniales.

Il a fallu que je réunisse beaucoup de courage avant d'aller m'écraser le bout du nez dans une fenêtre. J'ai reconnu le lit étroit, le petit bureau et, en m'étirant le cou, le prie-Dieu. Une sœur y était agenouillée. Elle priait. Au bout de quelques minutes, j'en ai eu assez. Dans la cellule à côté, une autre petite sœur lisait la Bible. Ses lèvres bougeaient mais je n'entendais rien. J'aurais pu rester longtemps, ça n'aurait rien changé.

J'ai retenu un cri en m'approchant de la troisième cellule. Sœur Élisabeth était agenouillée devant moi, les yeux fermés. Elle ne chantait pas, ne priait pas. Du moins pas à haute voix. Et ses lèvres étaient closes.

Elle pleurait. Des larmes roulaient sur ses joues.

Élisabeth ! Ma douce Élisabeth… Elle souffrait donc elle aussi. J'aurais voulu entrer, la réconforter. Étreindre ma belle amie, balayer sa douleur. Mais quelque chose me retenait.

Au monastère, une cloche a sonné. Lentement, Élisabeth a ouvert les yeux et j'ai compris que les larmes qui glissaient encore sur ses joues n'avaient rien à voir avec le chagrin. Une joie singulière habitait son regard et son visage était serein. Élisabeth était heureuse.

Quelques heures plus tard, je l'ai revue à l'atelier de poterie. Elle était calme et ses gestes étaient aussi gracieux que les arabesques qu'elle dessinait sur le pourtour de l'assiette.

Plus tard, j'ai décidé d'attendre Élisabeth à côté de l'abri. Je ne me suis pas cachée. Je devinais que c'était elle qui descendrait le sentier avec un panier et je ne m'étais pas trompée. Elle avançait d'un pas léger, attentive à tous les bruits de la forêt. À peine a-t-elle souri en m'apercevant. Elle a déposé le panier et elle est repartie.

Je n'ai presque pas touché au repas. Cette distance entre Élisabeth et moi me tourmentait. Cela ressemblait trop à de l'indifférence. J'avais nettoyé les couverts et j'allais les ranger lorsque j'ai pensé au petit carton de l'autre soir. Des mots… N'importe lesquels. J'en avais tant besoin. Mon cœur bondissait déjà dans ma poitrine avant même que je fouille au fond du panier.

Rien.

J'aurais pleuré. J'étais si navrée. Que m'arrivait-il ? Je m'abîmais dans une amitié impossible. Il fallait peut-être repartir. Quitter cette montagne, rentrer à Montréal.

J'ai peu dormi cette nuit-là. J'avais envie de rejoindre Élisabeth. J'étais prête à prier avec elle, à peindre avec elle, à chanter avec elle. N'importe quoi pour ne plus être seule.

Il était quatre heures lorsque j'ai allumé une bougie pour consulter ma montre. J'ai décidé de les rejoindre à la chapelle. Mieux ! D'y être avant elles pour épier leur arrivée.

Plus rien n'allait. J'avais peur en marchant dans la forêt. Les arbres s'étaient transformés en ombres menaçantes. Derrière eux, des créatures inquiétantes émettaient des cris perçants, des grondements sourds et de longs chuintements. J'arrivais à peine à distinguer le sentier. La forêt se refermait sur moi en m'écrasant de tout son poids.

La chapelle n'était pas totalement déserte. Des nids étaient accrochés aux poutres du plafond et, à peine entrée, j'ai perçu un léger froissement d'ailes. Puis, le silence s'est installé.

Le mur du fond était troué d'une vaste fenêtre. J'avais l'impression d'être plantée là depuis des heures lorsque des flammes minuscules ont sautillé dans la forêt. Les moniales avançaient en une lente procession. Quatorze bougies dans la nuit.

Il faisait presque froid tant l'air était humide. J'ai sursauté en entendant leurs pas dans la chapelle. Elles étaient entrées par une porte dissimulée derrière un rideau près de l'autel. Il y eut quelques toussotements, le bruit de frottement des bancs déplacés, puis le silence est revenu. Et leur chant s'est élevé.

Elles ont chanté longtemps. La pluie s'est mise à tomber, martelant le toit. Je grelottais maintenant et j'avais envie de partir. Il n'y avait rien à voir. Je n'avais pas de place ici. Les moniales seraient toujours loin de moi. Jamais je ne pourrais m'approcher.

Leur chant m'isolait. Elles formaient une seule voix. Et j'étais si seule.

Je me suis dirigée vers la porte en faisant du bruit. Les lattes du plancher craquaient. Tant mieux. Je n'ai pas retenu la porte. J'avais envie de les déranger.

J'ai couru dans la pluie.

Les averses se sont succédé toute la journée. J'avais décidé de partir mais quand le ciel s'est enfin calmé, il était trop tard. Il fallait rester une dernière nuit.

Avant d'aller dormir, je suis sortie. Je n'avais rien mangé. J'aurais pu grimper sagement le sentier pour cueillir mon panier, mais j'ai préféré foncer dans la forêt en marchant droit devant. Je n'épiais personne. Je voulais seulement calmer les vents qui hurlaient en moi. Au bout d'une vingtaine de minutes, je me suis retrouvée devant un marécage.

J'allais rebrousser chemin lorsque j'ai remarqué un bâtiment à ma droite. Sœur Louise ne m'avait jamais parlé d'un autre édifice. Il était du même bois rouge brûlé que le monastère et la chapelle. J'ai retiré mes espadrilles et mes chaussettes pour patauger jusqu'au bâtiment.

Tout ça pour la même maudite chapelle! Je ne l'avais pas reconnue sous cet angle neuf. Mes pieds étaient glacés, j'avais faim et j'étais découragée. J'ai poussé la porte et, une fois échouée sur le premier banc, j'ai remis mes souliers.

Derrière moi, un lutrin soutenait le registre des visiteurs. J'ai tué le temps en déchiffrant les prières des rares pèlerins. Ils venaient toujours avec une requête bien précise. Guérir, obtenir un emploi, trouver l'âme sœur… Une seule était venue dire merci. Aline Bellefeuille. Grâce à Dieu, son fils avait repris goût à la vie. On n'en savait pas plus. Pauvre Mme Bellefeuille. Pourquoi venir jusqu'ici ? C'était tellement inutile.

Je me suis avancée vers l'autel. Par simple curiosité. Et parce que j'étais fatiguée d'avoir tant marché, je me suis assise à terre, à l'indienne, juste devant l'autel. Je ne pouvais m'empêcher de penser à sœur Louise. Et à Élisabeth. Croyaient-elles vraiment, dur comme fer, que Dieu existait ? Qu'il était là, tout près, dans cette misérable petite chapelle ? Elles venaient ici tous les jours. Prier Dieu. Répéter les mêmes paroles, les mêmes prières.

J'aurais dû repartir. C'était leur chapelle, leur Dieu. Au lieu, j'ai regardé droit devant et j'ai parlé à haute voix.

— Écoute-moi bien. Si tu es là… Parce que j'aurais deux mots à te dire.

Au début, ce n'était qu'un jeu, mais peu à peu ma voix s'est affirmée et je me suis emportée.

— J'en ai assez ! La vie… c'est un gâchis. Si c'est toi qui as inventé ça, t'es un imbécile. Un détraqué. Si tu existes, si tu es là, t'es un écœurant. Un sans cœur. C'est cruel de jouer avec les gens comme ça. Comprends-tu ça ?

Tant pis si les sœurs m'entendaient. Tant pis si la montagne tremblait. Tant pis si le ciel crevait.

— Je n'ai pas demandé d'exister. C'est juste arrivé. Mais tu t'acharnes sur moi. Je ne suis pas toute seule sur la Terre. Tu pourrais changer de cible, non ? C'est toi, dans le fond, qui as tué ma mère. Un cancer ! C'est facile… Il me restait Antoine. Avec lui, j'oubliais tout. Ça t'embêtait, hein ? C'est pour ça que tu as tout bousillé ? Allez ! Dis-le ! Parle. MAIS PARLE !

Je crachais ma rage. Sans ramollir. Et c'était loin d'être fini.

— Et le moustique ! Tu le savais qu'en pensant à lui j'aurais mal jusque dans les tripes. Es-tu content ? Ça me brûle, ça me déchire, ça m'écrase, ça me transperce, ça me ravage quand je pense à lui. ES-TU CONTENT ?

Merde ! Je pleurais. Je ne voulais pas pourtant.

— Tu pensais m'avoir encore avec Jean, hein ? Mais je te connais maintenant. Je ne crois plus à tes mirages. Alors, laisse-moi tranquille. Va-t'en ! Fiche-moi la paix.

Les mots s'étouffaient dans ma gorge. C'est pour ça que je me suis tue. J'ai simplement laissé les larmes couler. Longtemps. Longtemps.

Quand j'ai eu fini, je ne me suis pas relevée tout de suite.

Ce que je m'apprêtais à faire était complètement idiot. Je ne crois pas en Dieu. Mais je me disais… qu'on ne sait jamais. Et s'il était vraiment là ? S'il m'avait écoutée ? Je ne regrettais pas mes paroles. Mais je pensais au moustique.

Je me suis répété que c'était insensé. J'étais épuisée. J'avais les nerfs en boule. C'est tout. Pourtant, j'ai fait comme les sœurs. Je me suis agenouillée. Il semblait aimer ça… Et je lui ai demandé :

— Pour le moustique… Écoute… Si tu es là… Si jamais tu existes vraiment. Veux-tu… Ça pourrait compenser un peu… J'aimerais ça que tu jettes un coup d'œil sur mon moustique de temps en temps. La dernière fois que je l'ai vu, il était minuscule. Je pensais vraiment qu'il serait entre bonnes mains avec Claire mais… on ne sait jamais. Je ne veux pas qu'il soit riche. Je me fous qu'il soit intelligent. Mais je voudrais tellement qu'il soit heureux. Je t'en supplie. Ne lui fais pas de mal. Protège-le un peu. Il est si petit…

Je me suis relevée parce que j'allais craquer. En marchant vers la porte, je pensais aux feuilles sèches poussées par les vents d'automne. On dirait parfois qu'elles flottent. Elles n'ont plus d'eau, plus de poids. Elles errent un peu, frêles et fragiles, avant de mourir complètement.

Cette nuit-là, j'ai fait un cauchemar affreux. Le moustique était malade. Il gémissait, étendu sur un lit d'hôpital. Des gouttes perlaient à son front.

Jean est arrivé. Sa chemise collait à sa peau. Il avait couru. Il s'est approché; il a cueilli le moustique et il l'a bercé tendrement.

— Chuuuttt… Chuuuttt… Chuuuttt… Marie-Lune est partie, moustique. Elle ne reviendra pas….

J'étais juste à côté mais ils ne me voyaient pas. Je criais mais ils ne m'entendaient pas. Alors, j'ai plongé en moi. J'ai rassemblé toute ma fureur, toute ma douleur. Et j'ai hurlé à pleins poumons.

Mon cri a dû réveiller le tonnerre. J'étais assise dans mon lit, trempée de sueur, le cœur battant à tout rompre. Dehors, il tombait des clous.

Je ne m'étais jamais sentie aussi misérable. Aussi profondément malheureuse. Aussi complètement dépossédée.

Une épave.

L'angoisse est devenue insupportable. Je suis sortie pieds nus. La pluie et le vent plaquaient ma chemise de nuit sur mon corps.

J'ai glissé à quelques reprises, senti la boue froide sur ma peau. Mais j'ai couru quand même.

Un éclair a traversé le ciel. Tout près. J'ai cru que mon corps s'allumerait.

J'ai reconnu sa cellule. Elle était réveillée. J'en étais sûre. Qui pouvait dormir par un temps pareil ?

Je me suis jetée sur la porte et j'ai frappé à grands coups de poing.

— Ouvre, Élisabeth ! Je t'en supplie. J'ai peur, Élisabeth ! Ouvre ! Je t'en supplie !

J'ai frappé encore. Longtemps. Jusqu'à ce que les jointures de mon poing soient rouges et gonflées. Jusqu'à ce que je ne ressente même plus la douleur. Jusqu'à ce que je ne croie plus à rien.

Alors, j'ai crié.

— *Fuck you*, Élisabeth ! *Fuck* ton silence, Élisabeth ! *Fuck* ton Dieu, Élisabeth !

Cette fois, je n'ai pas couru. J'ai marché comme une somnambule. Je n'étais pas pressée. Plus rien ne comptait. La pluie pouvait bien tomber. Rien ne m'atteignait.

Je me suis assise dehors, sous l'orage, devant la maison des visiteurs. Et j'ai attendu que vienne le matin.

Chapitre 7

L'histoire d'Élisabeth

Je n'ai pas entendu Élisabeth approcher. Soudain, elle était là. Sans voile, le visage ruisselant, ses cheveux courts collés au front. Un vieux châle couvrait mal ses épaules et le vent battait les pans de sa robe de nuit.

Elle m'a prise par la main; m'a fait entrer; m'a fait monter. Je n'étais plus qu'un petit paquet de pluie. Elle m'a aidée à retirer ma chemise mouillée puis elle a arraché une couverture du lit et elle m'a enveloppée doucement dans la laine chaude.

Je me disais que c'était un autre de ces moments fragiles. De ceux qui ne durent pas. Mais j'étais incapable de lutter.

— Viens…

Élisabeth parlait. Elle acceptait enfin de rompre son satané silence.

Elle s'est assise devant moi sur le vieux tapis du salon. Ses mèches courtes frisottaient déjà.

— Je t'écoute, Marie-Lune.

Pauvre Élisabeth ! Elle ouvrait les vannes sans deviner le tumulte derrière. Elle semblait prête à tout accueillir et je savais qu'elle m'écouterait jusqu'au bout. Alors j'ai tout dit. En commençant par le plus urgent.

— Je veux mourir.

Les mots avaient déboulé. Il avait fallu que je m'accroche au regard d'Élisabeth pour ne pas tomber.

Ces trois mots résumaient l'essentiel. Je ne voulais plus lutter ; je n'avais plus envie de me battre. Mais il n'existait rien en marge de ce combat insensé. Aucun lieu pour déserter. Rien d'autre à faire que s'étendre sur le sol et se laisser mourir.

Élisabeth n'avait pas bronché. C'est ce que j'aimais tant chez elle. Cette présence tranquille et assurée, ces yeux d'azur. On pouvait jeter l'ancre dans ces eaux immobiles.

Alors, j'ai raconté. Les bras chauds et parfumés de Fernande et ce matin cruel où j'avais tant voulu embrasser ma mère parce que je venais tout juste de comprendre qu'elle allait mourir. Nous allions nous quitter fâchées, sans adieux. J'étais prête à courir jusqu'à l'hôpital. Je me sentais capable d'enjamber des montagnes pour arriver à temps.

Mais c'était inutile. Elle était déjà morte.

C'est là que tout avait commencé. La peur folle des départs. La hantise de l'absence. L'impression que tout glisserait toujours entre mes doigts. Au début, j'arrivais à chasser ces inquiétudes. Mais, peu à peu, elles se sont incrustées.

Les adieux au moustique ont ravivé l'angoisse. L'annonce du départ de Jean m'a confirmé que la vie était impossible. Tout ce que je touche meurt ou disparaît.

J'avais déjà raconté ça à ma psy. Elle avait écouté, elle aussi. Mais le reste, je ne l'avais jamais dit. J'avais bien failli, quelquefois, dans le petit bureau de la rue Panet, mais à la dernière minute je ravalais les mots.

J'ai raconté à Élisabeth mon pire cauchemar. Celui dans lequel ma mère m'accusait de l'avoir tuée.

À mon réveil, chaque fois, je me disais que ma mère connaissait mon secret. Elle savait qu'à sa mort une petite partie de moi s'était sentie soulagée. J'avais mal jusqu'au fond de l'âme pourtant, mais la mort de ma mère apportait aussi une promesse : je pourrais aimer Antoine. Fernande ne s'interposerait plus entre lui et moi. Ça aussi c'était vrai. Même si c'était monstrueux.

Élisabeth ne paraissait pas horrifiée. Peut-être ne me croyait-elle pas. Il fallait qu'elle me croie, alors j'ai haussé le ton.

— Écoute ! Ma mère venait de mourir, rongée par un cancer que je n'avais même pas deviné, malgré une foule d'indices. Son corps était encore chaud et je pensais à Antoine et j'étais soulagée. M'entends-tu ?

J'aurais voulu qu'Élisabeth se sauve. Si j'avais pu, j'aurais couru moi aussi pour échapper à ces souvenirs.

Élisabeth ! Ma douce Élisabeth ! Elle s'est penchée et elle m'a embrassée.

Alors, je lui ai raconté ma vie sans le moustique. Comment l'arrivée de chaque nouvelle saison me chavirait. J'aurais tant voulu lui montrer le lac, les sapins, les chutes… Aux quatre saisons. Dans l'air parfumé du printemps et les vents glacés d'automne. Sous des soleils de neige et de feu.

Je lui ai parlé de tous ces petits garçons que j'avais épiés dans les rues de Montréal. Combien de fois m'étais-je demandé si l'enfant, là, sur le trottoir, devant moi, était le mien ? Je ne savais même pas si mon fils était blond, si ses cheveux bouclaient, s'il y avait une forêt dans ses yeux.

Pendant trois ans, la pression avait monté. La pauvre D^re^ Bérubé avait beau essayer de recoller les morceaux à mesure qu'ils tombaient, je craquais de partout.

— J'étais déjà en miettes avant la lettre d'Antoine, alors dis-moi, Élisabeth, comment je pourrais continuer ? J'en ai assez de vivre entourée de fantômes avec la douleur et l'angoisse collées au ventre. Quand j'étais dans ta cellule, j'ai vu le visage de Jean à la fenêtre. Je ne t'ai pas parlé de Jean, Élisabeth… Je ne te parlerai pas de Jean.

Je pleurais. Encore. À cause de Jean. De cette île fabuleuse où j'avais rêvé de vivre. Je ne voulais pas penser à Jean. Je ne voulais plus souffrir.

— Je veux mourir, Élisabeth. J'espère que mon moustique ne sera pas comme moi. Qu'il apprendra à se tenir droit. C'est un vieux rêve à moi. Quand il pleut, quand il tonne, quand le ciel s'emballe et que le vent devient fou, les sapins du lac, devant la maison, restent bien droits. Il n'y a que leurs bras qui s'agitent et ploient. Mais il n'y a rien de fragile dans ces mouvements-là. On dirait qu'ils défient les tempêtes, qu'ils se moquent du vent. J'ai toujours cru qu'ils dansaient dans la tourmente. En les regardant, on se sent plus grand. On a l'impression que tout est possible.

J'entendais la rumeur du vent dans les arbres, mais elle ne m'attteignait plus. Je songeais à cette scène qu'on retrouve dans presque tous les films de guerre. Un soldat court. La balle siffle. L'homme est touché. Son corps est agité d'un soubresaut mais il tient miraculeusement le coup. Puis, c'est la rafale. Une pluie de balles. Il est criblé de trous. Des tas de petits obus dans la tête, le cœur, le ventre. Alors, l'homme chancelle et il tombe.

J'avais fini. Je ne parlerais plus. Élisabeth me regardait toujours.

— C'est tout ?

J'ai écarquillé les yeux. Oui... c'était tout. Alors, j'ai hoché la tête.

— Pauvre Marie-Lune. Ton histoire est bien triste, mais tout le monde a ses fantômes. Tu n'es pas la seule et, crois-moi, tu n'es pas un monstre.

Était-ce pour me consoler ? Pour gagner du temps ou me prouver son amitié ? Peut-être avait-elle deviné ma curiosité. Cette nuit-là, Élisabeth m'a raconté son histoire.

Je l'ai reçue comme un cadeau.

— Je suis née à Cergy, en banlieue de Paris. Ma mère est infirmière, mon père, professeur d'histoire. Ce sont des parents chouettes. J'ai aussi un frère et une sœur. C'est à l'école primaire que j'ai rencontré Simon. Sa première lettre d'amour, il me l'a écrite avec des crayons de cire. « Je t'adore beaucoup Lisabeth. » *Il avait signé :* « le beau Simon ». *Simon n'était pas prétentieux. Simplement, tout le monde l'appelait le beau Simon. Il avait d'immenses yeux bleus, des tas de boucles blondes, un sourire radieux. Je lui avais répondu :* « Moi aussi ». *Et j'avais signé :* « Élisabeth » *en insistant sur le É avec mon crayon.*

À douze ans, nous avons promis de nous épouser. Mes seins s'étaient mis à pousser. J'aimais Simon d'une manière nouvelle et j'étais triste lorsque Léonie Dubreuil riait avec lui. Le jour où elle a invité Simon à passer le week-end avec sa famille à leur maison de campagne, j'ai senti mon cœur arrêter de battre. Simon a hésité un peu. J'étais désespérée. Puis, il a demandé :

— Élisabeth peut-elle venir aussi ?

Léonie était furieuse. Elle n'a même pas répondu. J'ai sauté au cou de Simon. L'idiot semblait surpris. Il n'avait rien compris. Alors, je lui ai expliqué qu'à mon humble avis Léonie était amoureuse de lui. Il a haussé les épaules.

— C'est impossible ! Je t'aime et nous allons nous épouser.

La demande en mariage était peut-être moins pompeuse que dans les films à la télé, mais j'étais ravie et nous nous sommes embrassés.

Nous étions inséparables. À neuf ans, pour la première fois, nous nous étions retrouvés dans deux classes différentes. Ensemble, nous étions allés rencontrer M. Murail, le directeur. Simon avait parlé. Je ne me souviens plus des mots, mais il était diablement sérieux et le lendemain son pupitre était à côté du mien.

J'ai toujours aimé Simon et j'ai toujours voulu devenir médecin. À cause de Françoise, ma mère, qui était infirmière. Je l'entends encore...

— Si j'avais su, je serais devenue médecin ! Soulager, soulager... J'en ai marre. MARRE, MARRE, MARRE*! C'est guérir que je veux.*

Elle s'enflammait et parfois mon père se fâchait.

— Tu ramènes tes malades à la maison. Ils sont toujours là, dans ta tête, tout le temps. Tu ne penses qu'à eux.

C'était un peu vrai, mais nous savions que mon père aimait ma mère justement pour cette raison. « Son engagement ». J'ai mis bien des années avant de comprendre la portée de ces mots.

Simon m'écoutait parler des patients de ma mère et de leurs maux divers. Je voulais devenir chirurgienne. Arracher tout ce qui était bousillé. Ou cardiologue. Rafistoler des cœurs ! Les urgences aussi m'intéressaient. Stopper le sang. Réanimer... Simon a finalement décidé que je n'arriverais pas à accomplir tous ces exploits en une seule vie. Il plongerait donc lui aussi.

Les premières années furent formidables. Nous étudiions comme des dingues, animés d'une même ardeur et toujours si heureux d'être ensemble. L'hôpital fut un choc pour moi. Mille fois plus horrible, mille fois plus extraordinaire que tout ce que j'avais imaginé.

Pauvre Simon! Tant d'heures à m'apaiser, à m'écouter. Au gré des étages où j'étais assignée pendant mon internat, je rentrais à la maison extasiée ou abattue et la tête toujours bourrée de questions. Comprends-moi. J'étais plutôt douée et je saisissais bien la nature comme le développement des maladies et les diverses interventions possibles. Mais le reste... La nature humaine, la souffrance, l'espoir... Tout cela me paraissait bien mystérieux.

Plus tard, en y repensant, j'ai compris qu'il y avait eu des moments décisifs. Comme cette nuit aux urgences, en février. Il avait neigé pendant des heures et toute la ville était paralysée. La dame avait presque accouché dans le taxi. On voyait déjà la tignasse rousse du bébé entre ses jambes. J'avais prononcé une phrase banale en l'apercevant, car j'étais trop abasourdie pour trouver d'autres mots.

— Tout va bien, madame. Votre bébé s'en vient.

Crois-le ou non, c'est tout ce qu'elle attendait. Elle avait retenu son bébé de toutes ses forces pendant de longues minutes avec la seule énergie de son amour parce qu'elle avait peur que ça déraille et qu'elle voulait son bébé en lieu sûr, entre bonnes mains.

Ces bonnes mains, c'était elle. Ce lieu sûr, c'était elle. Le bébé n'avait besoin de rien d'autre. L'expulsion fut formidable. J'ai à peine eu le temps d'attraper le petit être glissant. Je me sentais dépassée. C'était magique, mystérieux, tellement merveilleux.

Un mois plus tard, j'étais à l'étage des cancéreux. Tous les jours, je constatais un décès. Jeunes, vieux, pauvres, riches, aucun d'eux ne voulait mourir. Plusieurs patients se débattaient, d'autres étaient plus résignés. En rentrant, le soir, je me sentais coupable de vivre et je me demandais pourquoi j'avais tant désiré devenir médecin.

— On ne peut rien faire, Simon. Nous trompons la douleur; nous étirons un peu les vies. C'est tout. Et parfois nous ne réussissons même pas ça. Le patient nous implore d'un regard si douloureux.... Je voudrais alors l'aider à mourir sans trop souffrir. N'est-ce pas ce qu'on fait avec les

chevaux et les chiens ? Parce qu'on les aime et qu'on les respecte. Parce qu'il y a des souffrances que nul ne devrait endurer.

C'est Simon qui m'a appris à simplement consoler quand plus rien ne va. Il m'écoutait sans m'interrompre et caressait doucement mes cheveux en faisant : chuuuttt... chuuuttt... chuuuttt... C'est peut-être ça, la plus grande médecine.

Simon n'était pas insensible. Il trouvait, lui aussi, notre tâche difficile. Mais il n'était pas, comme moi, torturé par tant de questions. Était-ce moi qui comprenais mal ? Ou lui qui ne percevait pas le mystère ? Pour Simon, la vie, la mort faisaient partie de l'ordre des choses. Il était sans doute aussi ému que moi mais beaucoup moins déchiré.

On ne s'habitue par à côtoyer de si près le bonheur et l'horreur. Mais avec l'aide de Simon, je me sentais devenir un sacré bon médecin. Quant à lui, les patients l'adoraient. Les infirmières aussi d'ailleurs...

Comme moi, Simon a eu un choc en apprenant que nous serions séparés pendant trois mois, la durée de notre dernier stage, celui en région éloignée. Cette fois, le directeur ne s'était pas laissé amadouer. Simon partait en Bretagne et moi dans les

Hautes-Alpes. À nos retrouvailles, nous devions nous épouser. J'avais hâte et Simon aussi. Nous vivions ensemble depuis le début de notre internat, mais il fallait remplir cette promesse que nous nous étions faite à douze ans. Ce n'était pas un jeu mais un engagement. J'avais fini par comprendre le sens du mot fétiche de mon père.

À mon arrivée à Chauveau dans le Briançonnais, j'ai d'abord cru qu'on m'avait joué un tour. Il n'y avait pas de village, à peine un hameau. Le Dr Morel, le médecin chargé de superviser mon travail, a profité de mon séjour pour s'éclipser. Le vieil homme était fatigué et il aimait trop le vin. Je pensais que ces trois mois seraient bien longs, mais tous les jours des paysans se présentaient à la clinique logée dans ma petite maison et j'étais même souvent débordée. Heureusement, tous les jeudis, une jeune infirmière me prêtait main-forte.

La clientèle de cette clinique était parfois étonnante. Je me souviendrai toujours de la première semaine. Entre deux infections pulmonaires et quelques fractures, un homme est arrivé, le visage ensanglanté, une petite chèvre dans ses bras. Il avait franchi je ne sais quels obstacles pour sauver cet animal blessé. Leur sang se mêlait sur la chemise du pauvre homme. Il avait besoin de plusieurs points de suture au front mais, avant de pouvoir commencer, j'ai dû lui promettre qu'immédiatement après je recoudrais le flanc de sa chèvre.

À la fin de cette première semaine, j'ai compris que j'étais heureuse. Malgré l'absence de Simon, à qui je pensais mille fois par jour et à qui je racontais tout dans ma tête.

J'étais presque née à Paris ; je ne connaissais de vivant que les gens. Et voilà que je découvrais la montagne, ses rochers, ses fleurs, ses bêtes et ses torrents. J'aurais pu passer des heures à contempler cette nature grandiose ; à cueillir la gentiane, l'ancolie, le chardon à fleur bleue et la lavande ; à guetter le passage d'un chamois, d'un aigle ou de quelques bouquetins.

La nuit du neuvième jour, un bruit m'a réveillée. Quelqu'un martelait ma porte à grands coups. Un peu comme toi, Marie-Lune, tout à l'heure…

— Vite ! Venez ! Sœur Emmanuelle est mourante.

J'avais dû calmer un peu la pauvre petite sœur avant de la laisser continuer.

— Elle allait mieux depuis presque une semaine. Mais hier, brusquement, son état s'est détérioré. Elle va mourir.

Dehors, un brouillard épais étouffait les étoiles. J'ai attrapé ma trousse et j'ai sauté dans le véhicule tout terrain qui a démarré en trombe. C'était un peu surprenant, cette religieuse à l'ancienne, avec voile et tout, filant sur la route en lacet au volant d'une vieille jeep poussiéreuse.

Le monastère était à trente minutes de route. J'ai appris avec effroi que sœur Emmanuelle avait vingt-huit ans. Deux mois plus tôt, le Dr Morel avait diagnostiqué une embolie. L'idiot ne m'en avait même pas glissé un mot. Les membres étaient paralysés, mais le reste était intact. Jusqu'à cette rechute.

J'aurais voulu que Simon soit là. Je me sentais incapable d'affronter la mort sans armes. Si sœur Marie-Michelle disait vrai, il n'y avait rien à faire sinon caresser les cheveux de cette Emmanuelle en murmurant : chuuttt... chuuutt... chuuuttt... jusqu'à ce que la dernière lueur en elle vacille puis s'éteigne.

La prieure avait installé Emmanuelle dans une petite chambre au monastère. Elles étaient quatre ou cinq autour d'elle.

Les autres moniales chantaient dans la chapelle.

Jamais je n'oublierai le visage d'Emmanuelle. Si pâle, et pourtant, lumineux. Ses yeux étaient fermés, mais la vie battait encore derrière les minces paupières. Elle a pris ma main. C'était moi, le médecin; elle qui allait basculer dans le vide. Et voilà qu'elle prenait ma main. Pas pour s'accrocher à la vie comme tant d'autres mourants l'avaient fait avant. Non. Elle a simplement, presque imperceptiblement, pressé ma main dans la sienne.

Puis, elle a ouvert les yeux. Des yeux pleins de tout. De soleil et de terre, de silence et de lumière. Clairs et profonds. Un faible sourire s'est dessiné sur ses lèvres. Ses amies chantaient toujours dans la chapelle à côté. Elle a chuchoté.

— Je vais mourir.

Il n'y avait pas de regrets, ni de peur dans sa voix. Sans être résignée, elle ne luttait pas. Elle était plus pâle que la lune, mais elle irradiait.

Elle est morte presque tout de suite.

Autour d'elle, les sœurs n'ont pas bougé. On voyait bien, pourtant, qu'elle venait de décéder. Je me suis sentie obligée de le dire:

— Elle est morte.

Dans la chapelle, à côté, le chant a pris un nouvel élan. On aurait dit qu'elles voulaient porter leur amie, l'élever, l'aider à s'envoler.

Je suis restée longtemps. Une heure, peut-être deux. Une émotion d'une violence inouïe m'avait envahie. La marée montait en moi. Une présence fragile, immense, m'inondait. J'avais peur de bouger. Je ne voulais rien perdre de tout cela.

Des heures plus tard, de retour à ma petite maison, j'étais encore habitée par cette merveilleuse chose et toute la nuit j'ai pensé à Emmanuelle. Je la revoyais, si brave, si solide, à deux pas du vide.

J'avais fait un saut en parachute à la fin de ma première année de médecine. Tous les ans, plusieurs étudiants de la faculté s'initiaient à ce sport. Devant la porte ouverte de l'avion, quelques secondes avant de plonger dans le vide, une peur atroce m'avait étranglée. Je portais un parachute de secours en plus de l'autre, à ouverture automatique. Il n'y avait jamais eu d'accident à ce club d'aéronautique. C'était insensé… mais j'avais horriblement peur que les deux parachutes n'ouvrent pas.

J'avais sauté quand même. Et pendant cinq secondes épouvantables qui m'avaient paru des siècles, j'avais cru que j'allais mourir. Je ne pensais même pas à ouvrir le parachute de secours. J'étais paralysée d'effroi lorsque j'ai enfin senti la brusque secousse. La voilure s'était gonflée ; je flottais. J'ai atterri sans problème et je n'ai plus jamais sauté.

Emmanuelle avait sauté en souriant. Dans la joie. Il n'y avait pas l'ombre d'un doute au fond de ses yeux. Elle savait qu'Il était là. Qu'Il l'attendait. Pour elle, le néant n'existait pas. Elle avait rendez-vous avec Dieu. Depuis des années, elle préparait amoureusement ce moment et voilà qu'Il l'appelait, enfin. Alors, elle courait vers Lui, rayonnante.

Tous les jeudis après-midi, pendant ces trois mois, je confiais la clinique à Laurence, la jeune infirmière qui m'assistait, et je fonçais vers le monastère. J'arrivais à temps pour les vêpres. Après, je parlais longuement à sœur Francesca, la prieure. Les autres moniales restaient blotties dans leur silence, mais sœur Francesca avait pour tâche d'accueillir les visiteurs de passage et de guider ceux qui croyaient avoir trouvé une vocation.

Je savais que Dieu m'avait appelée. Sœur Francesca aussi. Elle voyait clair en moi même si elle ne le disait pas.

S'il n'y avait pas eu Simon, j'aurais défoncé la porte du monastère quelques jours après ma première visite. Je me serais jetée dans les bras du Seigneur tout de suite, sans me débattre.

Mais j'aimais Simon. Et même, aussi étonnant que cela puisse paraître, je l'aimais encore plus qu'avant. D'une certaine façon, rien n'avait changé. Le souvenir de l'odeur de son corps me grisait encore. Je chérissais chacun des moments que nous avions partagés. J'aimais tout ce qu'il représentait. Mais j'avais rencontré Dieu et plus rien n'était pareil.

Pauvre Simon ! Cent fois, je lui ai écrit mais il n'a rien reçu. Toutes ces lettres ont échoué dans la corbeille.

Il m'attendait à la gare. Il était encore plus beau que dans mes souvenirs. J'ai couru vers lui ; je me suis jetée dans ses bras et j'ai pleuré, pleuré, jusqu'à ce que mon corps soit encore secoué de sanglots mais qu'il n'y ait plus de larmes. Je ne savais pas ce qu'il fallait dire. Je n'avais rien décidé, mais dans les bras de Simon je venais de comprendre que quoi que je fasse, quoi que je dise, mon cœur appartenait à Dieu.

Pauvre Simon! Je lui serais toujours infidèle. J'aimais Dieu et cette certitude fulgurante abolissait tout. Plus rien ne comptait; tout mon être tendait vers Lui.

Simon a eu très mal. C'était un prix affreux à payer. Si bien que parfois mes certitudes chancelaient. J'étais prête à renoncer à Lui. À rester pour Simon. J'aimerais Dieu d'un peu plus loin. C'est tout. Mais la nuit, mon cœur, mon âme se révoltaient. J'étouffais. Je n'en pouvais plus de vivre loin de Lui.

Un matin, Simon m'a embrassée en pleurant. Il m'a dit adieu. Il m'aimait. Il savait aussi que je l'aimais. Et il avait mal de me voir souffrir. Pour me libérer, il partait.

Je suis rentrée au monastère le jour même. Et j'ai découvert que sœur Francesca avait raison. De l'extérieur, la vie moniale semble monotone. Ces mêmes gestes, ces mêmes prières. Mais c'est tout le contraire. À l'intérieur, c'est les montagnes russes. Ce que nous vivons est très intense. Il y a des moments extraordinaires et d'autres très difficiles…

Je n'ai jamais regretté mon choix, Marie-Lune. Dieu m'a vraiment appelée. Mais quelques jours avant de prononcer mes premiers vœux, je me suis enfuie. J'ai erré deux jours dans les montagnes, plus malheureuse que les pierres. À mon retour au monastère, sœur Francesca m'attendait. Elle n'a rien dit. Elle m'a prise dans ses bras et elle m'a bercée comme une enfant.

Tout s'écroulait. J'avais peur. Je ne pouvais pas prononcer ces vœux.

Non, Marie-Lune... Ce n'est pas ce que tu penses. Je n'avais pas peur de la solitude et du silence. Avec Dieu on n'est jamais seule et le silence est rempli de prières. Rien au monde ne m'attirait plus que Dieu. Mais j'avais peur, Marie-Lune... Affreusement peur de ne pas être à la hauteur. Je me sentais si petite, si pauvre, si imparfaite. Et je l'aimais tellement. J'aurais voulu être grande et belle et forte. Cent fois plus fervente. J'avais si peur qu'il ne m'aime pas. Qu'il ait seulement pitié de moi.

Sœur Francesca avait tout deviné.

— Tu peux fuir jusqu'au bout du monde, Élisabeth, ça ne changera rien. Si Dieu s'est installé en toi, tu le retrouveras toujours et tu découvriras qu'il t'aime comme tu es. Tu aurais beau tuer ton père, ta mère, ton frère, Élisabeth... Rien de ce que tu peux faire ou imaginer ne le fera changer. Il t'aimera toujours autant et il

sera toujours là. Dieu ne nous abandonne pas. Il ne blâme pas, ne calcule pas. Son amour est immense. Maintenant, décide ce que tu voudras. Tu es libre.

Je me suis écroulée dans ses bras. Un mois plus tard, j'ai prononcé les premiers vœux. Et peu après, je suis venue ici. Souvent, encore, j'ai peur de ne pas être à la hauteur. Mais je n'ai jamais regretté de m'être unie à Lui. La peur paralyse, Marie-Lune. Il faut savoir la repousser. Elle cache le plus important.

Élisabeth avait terminé son histoire. Elle est repartie.

Chapitre 8

Tu peux fuir jusqu'au bout du monde

Un soleil éclatant m'a réveillée. J'avais dormi jusqu'au matin sur le vieux divan où Élisabeth m'avait abandonnée. On aurait dit que j'avais des années de sommeil à rattraper.

Il faisait un temps splendide. Je suis sortie et je me suis étendue sur le dos, dans l'herbe chaude et parfumée, puis j'ai fermé les yeux.

Au début, le silence est vide. On n'entend rien. Il faut patienter. Peu à peu, les bruits surgissent. Une branche gémit. Un criquet s'excite. Un écureuil court sur un tronc en griffant l'écorce. Le vent souffle. L'herbe s'agite. Une sittelle siffle longuement. Des geais lancent leurs cris perçants. Quelques mésanges s'envolent dans un doux bruissement d'ailes. Les feuilles tremblent…

Je pensais à Élisabeth. À ce qu'elle vivait secrètement. C'était peut-être comme cette forêt. Toute cette activité derrière le silence. Je me disais qu'Élisabeth livrait des luttes elle aussi. De mystérieuses batailles que je ne comprendrais sans doute jamais. Ce pays intérieur qu'elle voulait conquérir n'était pas sec et plat comme le désert. Il n'était pas vide comme les plaines. J'imaginais plutôt une jungle, dense et excessive, à la fois superbe et effrayante, pleine de surprises.

Je ne croyais pas en Dieu, mais j'avais envie de me joindre aux moniales. De chanter avec elles, de me réfugier dans la chaleur de leur communauté. Mais sœur Louise savait que je n'avais pas la foi. Jamais elle n'accepterait que je fasse semblant.

L'histoire d'Élisabeth m'avait bouleversée. Ce n'était pas tant sa séparation de Simon qui m'avait ébranlée, ni même la mort d'Emmanuelle, mais ce qu'elle avait dit de Dieu. J'aurais tant aimé, moi aussi, vivre avec cette fabuleuse certitude de n'être jamais seule. Aimer quelqu'un qui ne meurt pas, ne se sauve pas et qui, tous les jours, quoi qu'il advienne, m'aime autant.

Quelques phrases me hantaient. J'avais beau les chasser, elles revenaient sans cesse. Sœur Francesca avait adressé ces mots à Élisabeth mais j'imaginais qu'elle me les disait à moi :

— *Tu peux fuir jusqu'au bout du monde, Marie-Lune. Ça ne changera rien. Il t'aimera toujours autant et il sera toujours là. Maintenant, décide ce que tu voudras. Tu es libre.*

Je refusais de chercher à comprendre. Je ne laissais pas ces paroles s'introduire en moi, mais il suffisait qu'elles m'effleurent pour que je sois remuée.

Je suis restée une semaine. Puis deux.

Sœur Louise acceptait que je vole un peu de temps à Élisabeth. Avait-elle compris l'ampleur de ma détresse ? Espérait-elle que cette singulière amitié m'aide à me reconstruire ? Avait-il fallu qu'Élisabeth insiste ? Qu'elle plaide ma cause ?

Je n'allais plus à la chapelle. Le chant des moniales me faisait mal. Un peu comme le spectacle de ces deux amoureux surpris dans la maison abandonnée sur la route du nord. Mais, tous les jours, je passais plusieurs heures en compagnie d'Élisabeth.

Nous parlions peu et je l'observais beaucoup sans jamais me dissimuler. Je respectais l'intimité de sa cellule, de ses prières, mais je partageais souvent ses corvées et presque toutes ses marches en forêt.

J'ai découvert qu'Élisabeth adorait jardiner, appréciait les séances à l'atelier de poterie et détestait les tâches domestiques. C'était plutôt comique de la voir balayer le plancher ou éplucher des pommes de terre. Elle n'était pas très douée et ne semblait pas du tout souhaiter le devenir.

Un matin, elle s'est éraflé un doigt en tranchant des carottes et j'ai bien cru qu'elle allait lancer un juron. Nos regards se sont croisés. J'ai ri et elle aussi. Un beau rire, franc et joyeux. C'était bon de la découvrir imparfaite et bien vivante.

Tous les après-midi, beau temps, mauvais temps, Élisabeth m'entraînait dans une longue randonnée en dehors des sentiers. C'était le meilleur moment de la journée. Elle marchait d'un pas énergique et régulier, aspirant l'air à pleins poumons, à l'affût de tous les bruits et mouvements.

Elle aimait la forêt et moi aussi. Entre ces arbres, nous devenions complices. Je savais nommer la plupart des oiseaux. Dans son monde où les mots n'existaient plus, Élisabeth épiait longuement les gros-becs errants et les pics flamboyants, le roselin pourpré et la paruline. Elle semblait reconnaître, même de loin, le vol d'une sittelle et devinait la présence d'un lièvre ou d'une gélinotte.

Un jour, nous avons surpris trois chevreuils. Elle n'a pas bougé et moi non plus. Je crois bien que nous ne respirions plus. Longtemps après qu'ils eurent détalé, j'entendais encore le sifflement de leur course. Elle aussi, je crois.

Ces heures en forêt me réconciliaient peu à peu avec la vie. Il y avait quelque chose de contagieux dans l'assurance tranquille d'Élisabeth. Je me sentais redevenir plus solide, plus lucide aussi.

Je ne sais trop quand j'ai compris ou, plus exactement, admis que Jean était là. Mais c'était devenu clair maintenant. Ce visage aperçu à la fenêtre de la cellule d'Élisabeth n'était pas un mirage. L'« aimable jeune homme » qui prêtait main-forte aux moniales le samedi ne m'était pas inconnu. C'était Jean. J'en étais sûre.

Et c'était difficile de ne pas y penser, d'endiguer le bouillon d'émotions et de continuer à vivre entre parenthèses.

J'avais passé le premier samedi enfermée dans la maison des visiteurs, apeurée à l'idée de rencontrer Jean. Combien de fois, ce jour-là, mon cœur s'était-il mis à battre trop vite ? Je songeais qu'il était peut-être là, tout près, en train de réparer un carreau brisé au monastère ou de débroussailler un tronçon du sentier.

Élisabeth m'adressait très rarement la parole. Un après-midi, elle m'a demandé combien longtemps encore je resterais. J'étais installée à la maison des visiteurs depuis plus de dix jours déjà. J'aurais aimé qu'Élisabeth parle franchement, qu'elle me conseille de partir ou de rester. Mais c'était mal connaître Élisabeth.

Souvent, je pensais à Léandre. Sœur Louise lui avait parlé. Je me demandais quels fantômes hantaient les nuits de mon père. Était-il simplement triste ou devait-il, comme moi, affronter des monstres ? La mort de Fernande nous avait séparés, mais je me disais qu'elle pourrait peut-être nous réunir.

Chaque jour, j'avais l'impression d'ajouter une petite pierre à ma fragile construction. Ma nuit avec Élisabeth n'avait rien réglé, rien effacé, mais elle avait crevé l'abcès et je prenais tout mon temps pour panser la plaie.

Un après-midi, alors que j'allais rejoindre Élisabeth pour notre promenade en forêt, je l'ai vue se diriger vers le véhicule tout terrain, un trousseau de clés à la main. C'était à son tour de faire les courses. Elle m'a laissée venir.

Quelle curieuse randonnée. J'avais fini par m'habituer à son voile, à sa longue jupe, à son chapelet de corde, à ses gros bas et à ses sandales. À Saint-Jovite, par contre, les têtes se retournaient sur son passage et parfois les rires et les moqueries fusaient. Je n'avais pas honte de mon amie, mais j'étais gênée. Acheter du lait, du pain, des légumes et du fromage peut paraître banal, mais en compagnie d'une moniale c'est presque un exploit.

Je me demandais comment Élisabeth recevait ces railleries. J'étais même un peu inquiète. Rien de tout cela ne semblait la fâcher ou même l'émouvoir, mais je me disais que c'était peut-être de la frime. En refermant ma portière, une fois tous les sacs chargés à l'arrière du véhicule, j'ai poussé un énorme soupir. Élisabeth s'est tournée vers moi. Une lueur espiègle brillait dans ses yeux et elle avait un large sourire. J'ai compris que je n'avais pas à me faire du mauvais sang pour elle.

Un autre jour, je l'ai attendue longtemps près du monastère. Je savais qu'elle était dans sa cellule et j'avais hâte qu'elle sorte. Il faisait vraiment beau ; j'étais impatiente de marcher. Au bout d'une heure, je mourais d'envie d'aller me coller le nez à sa fenêtre mais j'ai résisté. Je suis restée quatre heures à l'attendre. Lorsqu'elle est sortie, finalement, je l'ai détestée un peu.

Elle était si pleine de son Dieu. Si elle s'était promenée dans les rues de Saint-Jovite, peut-être que personne n'aurait remarqué la force tranquille qu'elle dégageait et cette fabuleuse présence qui l'animait. Mais je la connaissais. Je savais qu'Élisabeth venait de passer des heures bénies avec Dieu. Qu'elle avait vécu de formidables aventures, en silence, dans sa cellule, pendant que les cigales chantaient.

Le lendemain, à la fin de notre randonnée en forêt, Élisabeth m'a demandé d'aider à corder le bois d'hiver. Il y avait effectivement plusieurs piles très hautes près de la remise, à quelques pas de la cellule d'Élisabeth. J'ai offert de m'y attaquer tout de suite, mais Élisabeth a fait valoir que cela dérangerait peut-être les moniales à l'heure des prières. Il valait mieux attendre le prochain office, à vêpres, quand elles seraient à la chapelle. J'ai tout de suite accepté.

Avais-je deviné ? Mon cœur battait comme un fou pendant que je grimpais l'étroit sentier. Le ciel violacé annonçait un lendemain superbe.

Je ne l'ai pas aperçu tout de suite mais j'ai entendu remuer derrière un tas de bois.

Savait-il que je viendrais ? Jusqu'à quel point Élisabeth était-elle complice ?

Jean a semblé vraiment surpris. Chaviré même. Quant à moi, malgré tous mes pressentiments, j'ai eu un choc en l'apercevant.

La forêt, les cellules et le monastère disparaissaient soudain. Jean inondait l'espace.

Il n'a rien dit. Qu'aurions-nous pu dire ? Parfois, les mots sont impossibles.

Il s'est avancé lentement vers le tas de bois ; il a pris plusieurs bûches et il s'est dirigé vers la remise. Je l'ai imité.

Pendant deux heures, nous avons travaillé côte à côte. Sa présence m'enivrait. Me remplissait de bonheur. Me terrifiait tout autant.

À quelques reprises, nos corps se sont frôlés. La première fois, je me suis arrêtée. Lui aussi. Une poussière de seconde. L'air était chargé. J'étais survoltée.

Les aller-retour, du tas de bois à la remise, se faisaient plus rapides. Je crois bien que nous nous accrochions à ces gestes pour en chasser d'autres.

Nous n'avions pas échangé un mot, mais j'aurais juré que Jean avait changé. Ou peut-être le connaissais-je mal... J'avais imaginé Jean presque tout-puissant. Et voilà que je le sentais fragile. J'étais étonnée, émue, troublée. Avait-il souffert lui aussi ? Était-il réellement venu, chaque été, m'attendre sur les dalles au pied de la cascade ?

Soudain, mes bras ont cédé. La charge était trop lourde. Les bûches se sont éparpillées autour de moi. J'ai évité le regard de Jean. Il ne fallait pas qu'il devine mon émoi.

Il s'est approché et il a ramassé un des morceaux de bois. Il allait le déposer dans mes bras lorsque nos regards se sont croisés.

Ses yeux étaient encore plus sombres que dans mes souvenirs. Jean s'est arrêté. La bûche a roulé sur le sol.

J'ai eu peur qu'il disparaisse. Qu'il se sauve, qu'il me quitte.

Mais Jean n'a pas fui. Il s'est assis parmi les débris d'écorce et les petites mottes de terre que les bûches avaient laissés derrière et je l'ai rejoint.

Sa main sur le sol était à quelques centimètres de la mienne. Je n'arrivais à penser à rien d'autre. De longues minutes se sont écoulées. Puis, lentement, doucement, sa main s'est posée sur la mienne. Un long frisson m'a parcourue, mais je n'ai pas bougé. À peine ai-je frémi un peu.

Une onde de bonheur m'a submergée pendant quelques secondes puis j'ai senti l'angoisse m'étreindre. J'avais horriblement peur d'être à nouveau blessée. Mais il y avait pire encore. J'étais saisie d'une appréhension nouvelle. J'avais peur que Jean souffre. Que mes fantômes l'étouffent, que mes tempêtes le brisent.

J'aimais Jean. Si fort et depuis si longtemps. Mais je le découvrais vulnérable lui aussi.

C'était un poids nouveau. Et j'étais si peu solide. Je pouvais risquer de gâcher ma vie. Mais la sienne ?

J'ai éclaté en sanglots.

Ma mère avait cette expression pour dire les grandes douleurs : écorché vif. C'est ce que j'érouvais. Jusqu'au fond des entrailles.

Jean était aux aguets. Il n'osait pas bouger. Il avait peur, j'en étais sûre. J'ai pris sa main ; je l'ai enveloppée dans les deux miennes et je l'ai portée à mes lèvres avant de la presser tendrement sur ma joue. J'ai fermé les yeux pour mieux graver ce moment dans ma mémoire. Puis, je suis partie.

Chapitre 9

L'édifice s'écroule

J'avais décidé de rentrer à Montréal mais pour quelques semaines seulement. Je voulais revoir Léandre et lui parler longuement, mais je savais que je ne vivrais plus à Montréal. J'avais trop besoin d'une forêt, d'une montagne, d'un lac. Il y avait sûrement d'autres lacs, semblables au mien, quelque part sur cette planète. Je laissais le lac Supérieur, ses arbres et sa cascade à Jean.

J'essayais d'être forte. Je pensais bien revoir Jean un jour. Dans plusieurs mois ou dans quelques années. Il aurait une autre amoureuse, des enfants peut-être.

Et moi ? Pourrais-je aimer encore ? Il ne fallait pas y penser. Me contenter de survivre, de me reconstruire.

Je n'étais pas complètement démolie. Il restait quelques pierres pour soutenir la faible charpente. Mais j'étais trop dévastée pour accueillir Jean. Il méritait une amoureuse moins abîmée, moins douloureuse. Peut-être aurait-ce été possible beaucoup plus tard. Lorsque les traces du ravage auraient disparu. Mais Jean m'attendait depuis trois ans déjà et je n'étais pas certaine de réussir à me rebâtir.

J'avais décidé de quitter les moniales le lendemain. Après matines. Élisabeth serait à la cuisine. C'était son jour de corvée. Je lui laisserais ma lettre. Plus tard, beaucoup plus tard, j'écrirais à Jean. Mais la lettre à Élisabeth, je l'avais écrite d'une traite. Les mots couraient plus vite que mes pensées sur le papier.

Chère Élisabeth,

Ne crois pas que je fuis…

J'ai beaucoup grandi et beaucoup vieilli au cours des derniers jours. Ta présence, ton histoire aussi ont bouleversé ma vie.

Je pense bien vouloir vivre. Non… J'en suis sûre. Et c'est un peu, beaucoup même, à cause de toi. Je sais qu'il y aura des tempêtes et que je ne réussirai pas toujours à danser. Je perdrai sans doute quelques branches, mais mes racines creuseront le sol.

Je n'en suis pas tout à fait sûre mais je ne crois pas que Dieu existe, Élisabeth. Ce qui est bon, c'est de savoir que toi, tu existes. Que tu chantes ici. Dans la montagne derrière la côte à Dubé, près de ce tournant du sentier où l'eau s'affole avant d'éclater dans un bouillon superbe sur les grosses pierres lisses. Je saurai toujours qu'une petite sœur aux yeux d'eau, celle qui connaît si bien les geais, les gros-becs et les sittelles, prie Dieu sans rien demander de plus.

Tu m'as beaucoup aidée, Élisabeth, mais tu me laisses avec un vide de plus et je ne peux m'empêcher de trouver ça injuste. Si seulement je pouvais, moi aussi, être un peu habitée par ton Dieu… La vie, c'est un truc long et difficile et j'aimerais tellement sentir une présence, même toute petite, mais continuelle, éternellement fidèle.

Je ne crois en rien, Élisabeth. Et c'est bien triste.

J'ai peur de ne jamais oublier Jean. De vivre toujours seule. De traîner toute ma vie cette solitude immense. J'aurais tant besoin de savoir que, quelque part, quelque chose ou quelqu'un ne bouge pas, ne change pas, ne fuit pas. Se tient droit et m'aime.

Élisabeth, Élisabeth... Si seulement tu pouvais me donner un petit morceau de ton Dieu.

Mais ne t'en fais pas trop... Je pars avec ce bonheur nouveau de savoir que tu existes et j'imaginerai souvent le chant des petites sœurs d'Assise dans la nuit.

Je t'aime beaucoup, Élisabeth. Je n'ai jamais eu de sœur. Mais en secret – le savais-tu ? – c'est ainsi que je t'appelle.

Ma sœur.

Marie-Lune

Ce soir-là, je suis restée longtemps debout à la fenêtre à contempler la lune puis j'ai dormi jusqu'après matines. À mon réveil, j'ai pris la lettre à Élisabeth, mon sac à dos et j'ai grimpé le sentier, le cœur lourd.

J'étais si bien perdue dans mes pensées que je n'ai pas remarqué tout de suite l'odeur de fumée. J'avais dépassé la chapelle lorsque j'ai enfin compris.

J'ai couru jusqu'au monastère. Un nuage gris montait derrière l'aile nord. On ne voyait pas de flammes, mais le foyer de l'incendie semblait se trouver dans la cuisine.

J'ai entendu sœur Louise m'expliquer que les pompiers volontaires avaient été alertés. Malheureusement, ils ne pouvaient venir en camion jusqu'ici. Ils allaient hisser une pompe mobile à l'aide d'un véhicule tout terrain et utiliser le cours d'eau derrière le monastère. En attendant, il n'y avait rien à faire.

J'ai senti un étau m'enserrer. Encore une fois, rien ne durait. Et moi qui n'avais que cette minuscule certitude : savoir que, plus haut que la côte à Dubé, Élisabeth et ses amies priaient Dieu. Mon fragile édifice allait s'écrouler.

Soudain, la terreur a remplacé l'angoisse.

ÉLISABETH !

Du regard, je l'ai cherchée. J'ai vu Jean, quelques moniales et un ancien voisin prêts à aider lorsque la pompe arriverait. Mais Élisabeth n'était pas là.

Le sol se dérobait sous mes pieds. Élisabeth ! J'aurais dû m'en douter. Tous ceux que j'aime meurent ou disparaissent. Élisabeth était à la cuisine. Comment les autres avaient-elles pu l'oublier ?

Mon cœur cognait comme un enragé. Cette fois, je réussirais à enjamber les montagnes. Élisabeth ne pouvait pas mourir. Je n'étais pas brave: je sauvais ma peau. Si Élisabeth mourait, je n'aurais plus jamais le courage d'avancer.

Il faut savoir se révolter. J'étais une louve furieuse. Trop ivre de colère pour être vulnérable.

J'ai foncé vers la porte la plus près. Déjà, dans le corridor, la chaleur était presque insoutenable et la fumée plus dense que je l'avais imaginée. J'ai couru. En ouvrant la porte de la cuisine, j'ai été plaquée au sol par un souffle puissant, brûlant. La cuisine était en flammes. J'ai réussi à ramper sur quelques mètres. Il y avait beaucoup de fumée, mais les flammes étaient concentrées du côté de la remise. Elles dévoraient déjà le mur mitoyen. Mes yeux brûlaient et plus j'avançais, plus la fumée m'étranglait. Je ne voyais pas Élisabeth. Il fallait que je réunisse des forces pour crier. Sans réfléchir, j'ai aspiré puissamment.

J'ai cru que j'allais étouffer. La fumée m'empoisonnait. Et en toussant, j'en respirais encore malgré moi.

— É...LI...SA...BETH!!!

La cuisine était déserte. J'ai imaginé Élisabeth morte, brûlée, dans la remise à côté. J'arrivais trop tard. Encore une fois.

Malgré tout, j'ai rampé vers la petite porte. C'est là que j'ai senti une morsure. J'ai crié, secoué mon pied. Les flammes étaient tout près. Jamais je n'arriverais à atteindre cette porte. J'ai pensé que Dieu existait sans doute. Et qu'il s'acharnait sur moi.

Mon corps s'est écrasé sur les planches chaudes. Non… je n'allais pas me débattre. Juste m'étendre sur le sol…

Une masse s'est abattue sur moi. Jean. Ses yeux lançaient des éclairs.

Il m'a prise comme un vulgaire paquet qu'il aurait voulu lancer au loin. Les flammes dansaient autour de nous. Il a foncé. Comme un ouragan.

Dehors, il m'a laissée tomber dans l'herbe puis ses larges mains ont empoigné mes épaules et il m'a secouée rageusement. Ses doigts s'enfonçaient dans ma peau. Il n'était que colère.

— Tu feras ce que tu veux maintenant, Marie-Lune Dumoulin-Marchand, mais tu ne mourras pas. Et je ne t'attendrai plus jamais. Jamais !

Chapitre 10

Ils dansent dans la tempête

Élisabeth n'était pas allée à la cuisine ce matin-là. Elle guettait l'arrivée des pompiers, plus bas, sur le sentier.

Pendant que les pompiers maîtrisaient les flammes, sœur Louise m'a raccompagnée à la maison des visiteurs sans prononcer un mot. Elle avait rapporté mon sac à dos abandonné dans l'herbe à la porte du monastère. Je lui ai remis la lettre pour Élisabeth. Puis, j'ai fait semblant de vouloir dormir. Je désirais être seule.

J'ai vécu ce jour-là avec la fureur de Jean. Ses yeux qui lançaient des éclairs. Jean le doux… avec cet ouragan en lui.

J'avais presque oublié la fumée et les flammes, mais je me souvenais de ses bras autour de moi et de son souffle rauque dans mon cou alors qu'il courait vers la sortie.

La nuit tombait lorsque sœur Louise est venue m'annoncer que Léandre serait là, le lendemain, avant midi. Mes petites sœurs allaient continuer d'habiter la forêt. Elles auraient de l'aide pour reconstruire la remise et une partie de la cuisine. Sœur Louise m'avait rassurée avant de me souhaiter bonne nuit.

Je me suis réveillée en pensant à ma mère. À cet instant précis, il y aurait bientôt quatre ans, où j'avais décidé trop tard de courir vers elle.

Dehors, l'herbe était encore mouillée de rosée, mais le soleil promettait de tout sécher. J'aurais pu trouver le sentier les yeux fermés.

Je n'ai pas couru. J'avais peur mais tant pis.

J'ai descendu le long du sentier. Les feuilles des trembles flamboyaient au soleil parmi les conifères, mais je me suis concentrée sur les roches et les trous dans le sol comme s'il faisait nuit. C'était ma façon de harnacher mes peurs.

J'ai frémi une première fois en entendant l'eau chanter et encore, un peu plus loin, là où elle rugit avant d'exploser. J'ai mis du temps avant de me décider à descendre. Le sol était sec, mais je cherchais quand même l'endroit le plus sûr.

Au fond de la gorge, j'ai découvert que j'aurais dû quitter le sentier plus tôt. Les gros bouillons et les galets chauds étaient en amont. Alors, j'ai retiré mes souliers et j'ai marché dans l'eau vive en remontant le cours du ruisseau. J'avançais prudemment en me tenant bien droit.

Soudain, je me suis mise à courir. Il était là !

J'ai tombé plusieurs fois. À plat ventre et sur le dos. Mon cœur battait la chamade.

La peur et la douleur n'existaient plus. Il n'y avait que ce cri. Cet appel. Plus fort que les oiseaux sauvages. Capable de déraciner les montagnes.

— JEAN !!!

J'étais prête à l'attendre. Mais il avait menti. Il m'attendait déjà, debout au bord du bassin.

— JEAN !!!

Comment avais-je pu penser que je pouvais fuir ? Comment avais-je pu repousser ce bonheur fou ? La peur est le pire fantôme. Il n'y aura pas de fin du monde. L'été ramènera l'automne. Puis l'hiver. Et le printemps reviendra. Jean sera toujours là. Il fallait y croire.

Il ne m'a pas embrassée. Il n'a pas retiré mon tee-shirt mouillé. Nous avions toute la vie pour nous aimer.

Les arbres étaient immobiles. Ce vent était-il dans ma tête ?

Je l'entendais pourtant. Souffler, siffler, rouler, gronder, chanter.

J'ai contemplé Jean. Ses yeux de terre. Deux grands lacs noirs où l'on peut plonger sans crainte.

Entendait-il lui aussi le vent ? Lui avais-je déjà parlé des sapins ? J'avais toute la vie pour le faire. Mais je crois bien qu'il savait déjà que ces arbres dansent dans la tempête.

La preuve ? Il m'a enlacée.

Peut-être bien que ce vent ne soufflait qu'en nous, mais nous avons dansé. Comme les sapins dans la tourmente. Avec ces longs gestes amples et gracieux qui défient les tempêtes. Nous avons dansé dans la musique du torrent, jusqu'à ce que les vents fous se taisent en nous.

Après, seulement, nous nous sommes embrassés. Gauchement et un peu désespérément. La guerre n'était peut-être pas finie, mais nous ne serions plus jamais seuls.

Épilogue

Jean est resté dans ma vie. Élisabeth aussi.

Nous habitons au bord du lac. Pas très loin de la maison bleue. Jean a ouvert une clinique vétérinaire entre le lac Supérieur et Saint-Jovite.

J'ai terminé mon bac. Je pourrais enseigner. Mais pas tout de suite. Mon ventre est gros et j'écris beaucoup.

Il m'arrive souvent de remonter le sentier, à matines ou à vêpres, et de retourner m'asseoir dans la chapelle, au milieu du premier banc. Je n'ai plus mal en entendant le chant des moniales.

J'aime la chaleur de cette petite chapelle. Certains jours, j'ai l'impression de me mêler un peu à elles. Je ne chante pas. Je ne prie pas. Mais parfois, secrètement, je Lui dis merci.

Merci d'être vivante. Merci pour cette route qui mène, par-delà le lac, par-delà la cascade, jusqu'à elles.

J'ai gardé le petit sac à dos, le porte-documents et les lettres.

Il y en a une de plus.

le 12 septembre

Chère Marie-Lune,

J'ai prononcé mes vœux solennels hier. Je n'enfreindrai plus la loi du silence. Mais jamais je ne regretterai d'avoir couru jusqu'à la maison des visiteurs cette fameuse nuit d'orage.

Tu es mon cadeau de Dieu, Marie-Lune. Sans doute voulait-il, avant que je le rejoigne, me rappeler combien les humains sont beaux.

Je n'oublierai pas ton regard mauve, si plein de vie, malgré la peur, la douleur, la détresse. Je resterai bouleversée par cette petite femme prête à braver les flammes pour moi. Je garderai un merveilleux souvenir de nos randonnées parmi les geais et les sittelles et en contemplant les arbres je penserai toujours à toi.

Surtout, jamais je n'oublierai cette voix désespérée dans la nuit d'orage. Tu te croyais si faible et si perdue… Si seulement tu avais pu t'entendre décrire ces grands sapins qui poussent vers le ciel. Qui défient les tempêtes et se moquent du vent pour valser dans la tourmente. C'est peut-être le plus bel hommage à Dieu qu'il m'a été donné d'entendre.

Le diras-tu à sœur Louise ? Ne te moque pas… En t'écoutant, Marie-Lune, je me souviens d'avoir songé que Dieu est peut-être un arbre.

Tu me fais rire, ma belle. Crois-tu vraiment que tu n'as pas la foi ?

Réfléchis un peu…

Et jure-moi que tu ne crois pas en quelque chose de plus beau, de plus grand, de plus fort que toi ? Qui t'attire et te dépasse ? Jure-moi que tu ne ressens jamais un curieux vertige ? Une joie fulgurante, imprévue, mystérieuse ?

Tu crains toujours de ne pas être assez forte, Marie-Lune. Il aurait fallu que tu te voies dans mon petit lit, cette première nuit où je t'ai recueillie. Les joues en feu, les yeux hagards, criant, hurlant, gesticulant.

Tu te débattais avec une force inouïe. Tu livrais une terrible bataille.

Tu n'as pas à épouser Dieu pour avoir la foi, Marie-Lune. Ni même besoin de connaître son nom... Je ne crois pas à ce vide en toi. Ni à ce silence immense. Creuse-les. Tu verras. Le silence est un leurre; l'absence aussi.

Un jour, peut-être, tu parleras à Dieu. Et il te répondra. Mais tu découvriras alors que tu le connaissais déjà. Un peu comme ces gens que l'on croise tous les jours dans la rue, le long du même parcours. Et puis, un matin, pour mille raisons ou pour rien, on se dit bonjour. On se reconnaît. Après, c'est différent.

Sois heureuse, Marie-Lune. Aime Jean comme j'aurais aimé Simon. Et quoi que tu fasses, où que tu ailles, n'oublie pas que je serai toujours ici et que je resterai, si tu le veux bien, ta petite sœur,

Élisabeth

Photo : © Les Photographistes

DOMINIQUE DEMERS

En 1991, Dominique Demers publie *Valentine picotée*, un premier roman inspiré par la peine d'amour de son fils Alexis et élu livre préféré des 6 à 12 ans selon un sondage de Communication-Jeunesse. Depuis ce temps, sa passion pour l'écriture ne cesse d'évoluer, et les lecteurs le lui rendent bien en faisant de ses romans des succès populaires aussi bien que critiques. L'auteure a d'ailleurs reçu le Prix Raymond-Plante en 2009, pour son engagement exceptionnel dans le monde de la littérature jeunesse.

Adresse du site de l'auteure : **www.dominiquedemers.ca**

Série Marie-Lune

Elle s'appelle Marie-Lune, mais on dirait plutôt une Marie-Tempête. Elle habite au bord d'un lac, en pleine nature. Pour elle, c'est le bout du monde. Heureusement, il y a Antoine. Ses yeux verts qui brillent comme la forêt autour du lac les matins d'été font chavirer Marie-Lune. Un puissant amour les unit, mais le ciel est lourd de tempêtes…

Marie-Lune, 16 ans après...

La jeune héroïne de la populaire trilogie *Marie-Lune* est devenue femme et c'est dans une nouvelle histoire bouleversante de justesse et d'émotions qu'on la retrouve.

Fiches d'exploitation pédagogique

Vous pouvez vous les procurer sur notre site Internet à la section jeunesse / matériel pédagogique.

www.quebec-amerique.com

GARANT DES FORÊTS INTACTES

L'impression de cet ouvrage sur papier recyclé a permis de sauvegarder l'équivalent de 9 arbres de 15 à 20 cm de diamètre et de 12 m de hauteur.

Achevé d'imprimer au Canada
sur papier Enviro 100% recyclé
sur les presses de Imprimerie Lebonfon Inc.

100%

Ils dansent dans la tempête

Catalogage avant publication de Bibliothèque et Archives nationales du Québec et Bibliothèque et Archives Canada

Demers, Dominique
Marie-Lune
Nouv. éd.
(Titan +; 34, 17, 22)
Publ. antérieurement sous les titres : Un hiver de tourmente. Montréal: La Courte échelle, c1992; Les grands sapins ne meurent pas. Montréal: Québec/Amérique, c1993 ; Ils dansent dans la tempête. Boucherville: Québec/Amérique jeunesse, c1994.
Sommaire: 1. Un hiver de tourmente -- 2. Les grands sapins ne meurent pas -- 3. Ils dansent dans la tempête.
Pour les jeunes.
ISBN 978-2-7644-2136-9 (v. 1)
ISBN 978-2-7644-2137-6 (v. 2)
ISBN 978-2-7644-2138-3 (v. 3)
I. Titre. II. Titre: Un hiver de tourmente. III. Titre: Les grands sapins ne meurent pas. IV. Titre: Ils dansent dans la tempête. V. Collection: Titan +; 34, 17, 22.
PS8557.E468M37 2012 jC843'.54 C2011-942830-X
PS9557.E468M37 2012

Conseil des Arts du Canada Canada Council for the Arts

SODEC Québec

Nous reconnaissons l'aide financière du gouvernement du Canada par l'entremise du Fonds du livre du Canada pour nos activités d'édition.

Gouvernement du Québec – Programme de crédit d'impôt pour l'édition de livres – Gestion SODEC.

Les Éditions Québec Amérique bénéficient du programme de subvention globale du Conseil des Arts du Canada. Elles tiennent également à remercier la SODEC pour son appui financier.

Québec Amérique
329, rue de la Commune Ouest, 3e étage
Montréal (Québec) H2Y 2E1
Téléphone: 514 499-3000, télécopieur: 514 499-3010

Dépôt légal: 2e trimestre 2012
Bibliothèque nationale du Québec
Bibliothèque nationale du Canada

Nouvelle édition dirigée par Geneviève Brière
Correction d'épreuves: Émilie Allaire
Mise en pages: Karine Raymond
Conception graphique: Isabelle Lépine
En couverture: Photocase (© kevinruss)

Imprimé au Canada